스마트폰으로 만나는 경제

버튼아이

스마트폰이 없던 시대에는 궁금한 것이 있으면 책이나 컴퓨터를 찾아보았어요. TV나 라디오 광고를 통해 신제품이 출시되었다는 것을 알았고, 필요한 물건이 사기 위해 마트나 백화점, 시장으로 갔지요.

하지만 스마트폰의 등장 이후 이 모든 것을 스마트폰 하나로 해결할 수 있게 되었어요. 거의 모든 정보와 상품이 스마트폰 속으로 들어온 것이지요. 몇 번의 터치로 원하는 것들을 가질 수 있는 세상이 되었어요.

사람들의 경제 생활이 스마트폰으로 이루어지면서 새로운 방식의 경제 활동이 생겨나기 시작했어요. 플랫폼(앱)을 통한 중고거래, 가격 비교가 쉬운 모바일 쇼핑, 다른 사람의 집을 빌릴 수 있는 공유 경제, SNS를 통한 광고 등은 스마트폰 이전에는 존재하지 않았던 것들이에요. 기술의 발달이 우리의 경제 생활을 완전히 바꾸어 놓은 것이지요.

미래를 살아갈 여러분들도 스마트폰을 이용한 경제 활동을 하게 될 거예요. 아마 지금보다 더욱 편리하고 안전한 시스템을 이용하게 되겠지요.

〈스마트폰으로 만나는 경제〉는 스마트폰으로 들어온 경제 생활과 꼭 알아야 할 경제 개념들을 재미있게 풀어놓은 책이에요. 경제 활동에 참여하는 일곱 친구들의 이야기를 통해 최신의 경제 상식과 정보를 배울 수 있어요. 교과서에 나오는 경제 용어와 개념을 담고 있어 학교 공부에도 도움이 되지요. 더불어 스마트폰을 올바르게 이용하는 방법도 익힐 수 있어요.

미래에는 또 어떤 기술이 우리의 경제 활동을 바꾸어 놓을지 상상하면서 함께 읽어 볼까요?

 현민

세아의 브이로그
 **중고거래**
··· 8

다예의 브이로그
 **모바일 쇼핑**
··· 28

아인이의 브이로그
 **전자화폐**
··· 48

 **04** 루미의 브이로그
구독 경제
··· 70

  **05** 동주의 브이로그
공유 경제
··· 94

 **06** 은별이의 브이로그
SNS 광고
··· 116

  **07** 미소의 브이로그
유튜브와 경제
··· 140

돈을 벌 수 있다고?

우리 진짜 오랜만이죠? 그동안 알바하느라 영상을 못 올렸네요. 갑자기 웬 알바냐고요? 그게 사연이 좀 있는데요. 친구들이랑 방학 때 자전거 여행을 가기로 했는데 지난주에 글쎄 자전거를 잃어버렸지 뭐예요. 자전거 없이 자전거 여행을 갈 순 없잖아요. 그래서 이모네 카페에서 청소랑 심부름을 하면서 자전거 살 돈을 모으고 있어요.

그냥 엄마한테 다시 사달라고 말하고 싶기도 한대요. 그건 아무리 생각해도 자존심이 허락하지 않아요. 용돈 모아서 산다고 큰소리 쳤났거든요. 엄마도 제가 산 자전거를 보면 대견해 하시겠죠?

하지만 여러분! 지금 알바하는 건 비밀이에요. 오늘 학원도 빼먹었거든요. 방학이 얼마 남지 않아서 마음이 급해요. 5만 원만 더 모으면 되는

데……. 친구들은 그냥 알바하지 말고 중고 자전거를 사래요. 그런데 저는 남이 타던 중고 자전거는 별로예요.

잠시만요. 어제 못 보던 안내문이 붙어 있네요. 플리마켓?

와. 우리 동네에서 플리마켓을 하나 봐요. 누구나 참여할 수 있대요.

여기 참가하면 돈 벌 수 있는 거 맞죠? 집에 있는 거 이것저것 팔면 5만 원은 금방 벌겠는데요. 야호. 하늘이 돈 벌 기회를 주나 봐요. 저 이것 좀 신청하고 올게요!

장사를 시작했어요. 그런데……

저는 방금 플리마켓이 열리는 공원에 도착했어요. 제가 가지고 온 물건들을 여러분에게만 먼저 살짝 공개할게요.

짜잔! 마술 도구 세트, 루미 큐브, 방 탈출 게임 3종, 탐정 소설이랑 마녀 이야기책입니다. 어때요? 잘 팔릴 것 같나요?

자, 이제 제품 이름이랑 가격을 쓰고 이렇게 진열까지 하면 오픈 준비 끝! 왠지 장사가 잘될 것 같은 느낌인데요. 이제 준비도 끝났으니 다른 가게를 한번 둘러볼까요?

우와. 여기 진짜 없는 게 없네요. 꼭 시장 같아요. 청소기, 옷, 신발, 가방, 게임기. 게임기? 좋아 보이는데 잠깐 구경만 하고 올까요?

"아주머니, 이 게임기 봐도 되나요?"

"네. 물론이죠. 고장 난 곳도 없고 흠집도 없어요. 구성품도 다 있고. 게임 한번 해 봐요. 첫 손님이니까 내가 특별히 6만 원에 줄게요. 1년 전에 10만 원 주고 산 거예요."

"작동도 잘 되네요. 제가 사고 싶……. 아, 아닙니다. 구경 잘했습니다. 많이 파세요."

맙소사. 게임기가 너무 좋아보여서 하마터면 살 뻔했네요. 돈 쓰면 안 되는데.

저기 제 자리에 손님 온 거 아닌가요? 마술 도구 세트를 보는 것 같은데요.

"안녕하세요! 그 세트 거의 새 거예요. 열어 보셔도 돼요."

"상자에는 주사위 두 개라고 적혀 있는데 하나 밖에 없네요?"

"네? 그럴 리가 없는데. 잠시만요. 확인 좀 해 볼게요. 아, 정말 그러네요. 그래도 원하시면 가격을 좀 깎아 드릴 수 있는데."

하아, 그냥 가버리시네요. 하긴 아무리 중고라도 구성품이 빠진 건 아무도 안 사겠죠? 아까 그 게임기도 구성품이 다 있고 깨끗해서 사고 싶은 마음이 확 들었는데. 아무 중고나 다 팔리는 건 아닌가 봐요.

그래도 사람들이 계속 들어오니까 다 팔 수 있을 거예요. 보세요. 아까보다 사람이 훨씬 많아졌죠? 어, 어, 어, 그런데 저 모자 어디서 많이 봤

는데?

　세상에, 엄마예요. 엄마가 여기 올 줄이야! 여러분 저 잠시만 카메라 끌게요. 상황 파악 좀 하고요.

중고를 사도 괜찮을까?

플리마켓에서 무슨 일이 있었는지 궁금하시죠? 오늘은 그 이야기를 해 드릴게요. 그날 저는 엄마에게 가족들 물건 파는 걸 들켜버렸어요. 도망가다가 엄마한테 딱 걸렸거든요. 엄마는 엄청 화가 나서 저를 크게 꾸짖으셨어요. 아무리 돈이 필요해도 허락도 없이 물건을 내다 파는 건 잘못된 행동이라고요. 저는 한동안 엄마에게 말을 붙일 수도 없었어요. 찬바람이 쌩쌩 불었거든요. 하지만 며칠이 지나고 이모에게서 제가 얼마나 열심히 카페를 청소했는지 듣고는 조금 누그러지셨어요. 그리고는 자전거를 살 수 있는 새로운 방법을 알려 주셨죠. 그건 바로 중고거래였어요.

저는 사실 중고거래가 싫었어요. 중고품은 새 것 보다 낡았을 테고 깨끗하지 않을 것 같았거든요. 또 낯선 사람을 만나는 게 불편하고, 중고거래 사기에 대해서도 들은 것 같아서요. 혹시나 고장 나거나 망가지면 AS는 어떻게 되는지도 모르겠고. 저는 그냥 새 걸 갖고 싶었어요.

하지만 엄마는 꼼꼼하게 살펴보고 조심하면 중고거래로 좋은 물건을 싸게 살 수 있다고 하셨어요. 파는 사람이 믿을 만한지, 나쁜 후기는 없는지 검색해 보고, AS 보증 기간도 미리 확인하고, 사람이 많은 장소에서 거래하면 사기 당할 일은 드물다고요.

그러면서 엄마는 스마트폰에 있는 중고거래 앱을 보여 주셨어요. 사람들이 가장 많이 쓴다는 단감 마켓이었어요. 저는 앱을 찬찬히 살펴보았어요. 다양한 종류의 중고 물품이 거래되고 있었어요. 앱을 구경하는 중에도 실시간으로 계속 새로운 물건들이 올라오고 있었어요. 지난번에 참가했던 플리마켓이 스마트폰 속으로 들어온 것 같았어요. 파는 사람과 사는 사람이 중고 시장이 열리는 곳까지 갈 필요 없이 스마트폰 속에서 만날 수 있다니 참 편리하단 생각이 들었어요. 또 낮이든 밤이든 자유로운 시간에 원하는 물건을 검색해 볼 수 있다는 장점도 있었어요. 그리고 앱 안에서 채팅과 결제가 다 되니까 개인 연락처와 계좌 번호가 노출되는 위험도 적었어요.

엄마는 제가 원하는 자전거가 있을 거라며 잃어버린 자전거의 모델명을 입력해 보라고 하셨어요. 그런데 정말 그거랑 똑같은 자전거가 있는 거 있죠? 저는 보물을 발견한 듯 기뻤어요. 사진이랑 자세한 설명 덕분에 자전거 상태까지 예측이 가능했어요. 중고는 다 낡고 오래된 거라고 생각했었는데 막상 사진을 보니까 나빠 보이지 않는 거 있죠? 무료 AS 보증 기간도 많이 남아 있었어요.

  엄마는 중고거래가 환경에도 좋은 거라고 하셨어요. 자원을 재활용할 수 있어서 새로운 물건을 자꾸 만들지 않아도 되니까요. 하지만 초등학생은 중고거래 앱을 사용할 수 없어서 엄마가 도와주기로 하셨어요. 우선 마음에 드는 자전거를 파는 판매자의 정보를 살펴보았어요.

  친절하고 약속 시간을 잘 지킨다는 후기가 있는 판매자에게 채팅을 보내 약속을 잡았어요. 첫 중고거래라 왠지 두근두근 설렜어요. 드디어 약속 날. 엄마와 함께 학교 운동장으로 갔어요. 판매자 아저씨는 자전거를 잠시 타 봐도 좋다고 했어요. 운동장을 한 바퀴 돌고 엄마와 함께 한 번 더 꼼꼼하게 살펴보았어요. 흠도 거의 없고 상태가 좋았어요. 저는 제가 모은 7만 원을 당당하게 내밀었죠. 어깨가 으쓱했어요.

짜잔! 여러분, 이게 바로 그 자전거예요. 어때요. 멋지지 않나요? 새 자전거 못지않죠?

필요한 물건을 싸게 살 수 있는 중고거래! 여러분도 부모님과 함께 도전해 보세요. 돈도 자원도 아끼는 기분 좋은 소비를 경험할 수 있답니다.

낡은 중고품? 희소성 있는 상품!

이미 사용하였거나 오래되고 낡은 물건을 중고품이라고 해요. 하지만 다른 사람이 샀거나 사용한 물건을 중고품이라고도 하지요. 그러니까 새 물건인데도 사고서 사용하지 않은 물건도 중고품이라고 할 수 있어요.

어떤 사람들은 돈을 벌기 위해 한정판 물건을 사고 사용하지 않은 채 중고 시장에서 팔기도 해요. 이를 되팔다라는 의미로 리셀(resell)이라고 해요. 특히 한정판으로 나온 상품이나 수입품, 단종된 물건들은 새 상품을 구하기 힘들기 때문에 비싼 가격에 팔린답니다.

경제학에서는 '욕구에 비해 자원이 부족한 상태'를 '희소하다'고 해요. 희소하다는 것은 단순히 아주 적다는 뜻이 아니에요. 조금 있더라도 그것을 원하는 사람이 없으면 희소하다고 말하지 않아요. 하지만 양이 많더라도 원하는 사람이 더 많아서 모자랄 정도가 되면 그 물건은 '희소하다'라고 말할 수 있지요. 중고 제품의 가격은 이러한 자원의 희소성에 크게 영향을 받아요.

한정판 운동화는 리셀 시장에서 가장 활발하게 거래되는 물품이에요. 한 유명 연예인이 디자인한 818 켤레 밖에 없는 운동화의 처음 판매 가격은 21만 9천 원이었어요. 하지만 찾는 사람들이 많아지자 이 운동화의 리셀 가격은 천만 원이 넘게 치솟았어요. 아이돌 굿즈나 특정 캐릭터가 들어간 상품도 정가보다 높은 가격에 중고 시장에서 거래되는 경우가 있어요.

비용보다 편익이 큰 중고거래

'비용'과 '편익'이라는 말을 들어본 적이 있나요?

경제학에서 말하는 비용은 어떤 일을 하는데 필요한 돈, 시간, 자원을 뜻하고 편익은 어떤 선택을 할 때 얻는 이익이나 만족감을 말해요. 점심으로 피자를 선택했다면 배부름이나 맛있음이라는 편익을 얻고, 피자 값인 2만 원을 비용으로 지불한 셈이에요. 즉, 선택을 통해 얻는 것이 편익이고 잃는 것이 비용이에요. 편익과 비용을 비교하고 비용보다 편익이 큰 것을 선택하는 것은 경제적 사고의 첫 걸음이에요.

  중고품을 사는 것은 비용과 편익 측면에서 합리적인 선택이 될 수 있어요. 적은 비용으로 새 상품만큼 편익을 얻을 수 있기 때문이지요. 또한 중고품은 정가가 정해져 있지 않기 때문에 가격을 협상할 수 있다면 비용을 더 낮출 수도 있어요. 한 묶음이나 세트로만 판매하는 상품의 경우 필요한 물건만 중고로 살 수 있어 적은 비용으로 새 상품 만큼의 편익을 얻을 수도 있어요.

모바일 중고거래 시장의 성장

  스마트폰이 없던 시절에는 나라에서 운영하는 중고품 거래 코너, 벼룩시장, 녹색 가게 등에서 중고품을 사고팔았어요. 지금도 많은 사람들이 찾고 있는 동묘 벼룩시장 같은 곳에서 중고거래가 활발히 이루어졌죠.

  하지만 인터넷의 발달로 중고 시장의 거래가 온라인으로 이동했어요. 온라인 중고거래는 판매자와 구매자가 중개 기관을 거치치 않고 온라인에서 직접 중고품을 거래하는 방식이에요.

최근에는 스마트폰의 보급과 함께 모바일 중고거래 플랫폼을 이용하는 사람들이 늘어나고 있어요. 제품의 사진과 간단한 정보만 입력하면 물건을 팔 수 있다는 편리성 때문에 많은 사람들이 이용하고 있어요. 한 조사에 따르면 스마트폰 이용자 네 명 중에 한 명은 중고거래 앱을 사용하고 있다고 해요.

사람들이 많이 이용하는 중고거래 플랫폼들의 가입자가 4천만 명을 넘었고, 2008년 4조 원이던 중고거래 시장 규모는 2020년 20조 원으로 다섯 배나 커졌어요.

어떤 앱에서 거래할까?

중고거래 앱은 크게 지역 기반과 전국 기반 앱으로 나눌 수 있어요.

지역 기반 앱은 스마트폰에 부착된 GPS를 이용해 우리 동네에 사는 이웃들끼리만 거래할 수 있어요. 이웃 간의 거래라는 독특함 때문에 큰 인기를 모으면서 동네 맛집이나 정보를 교류하는 동네 사랑방과 같은 역할도 하고 있어요.

전국 기반 앱은 거리의 제한 없이 거래가 가능해요. 캠핑, 자전거, 등산 같은 취미 위주의 상품들이 많이 있어요. 좋아하는 브랜드를 팔로우하거나 내 취향에 맞는 물건을 추천하는 등 개인에게 맞는 서비스를 제공하고 있어요.

최근 중고거래 플랫폼은 C2C(Consumer to Consumer ; 소비자와 소비자가 직접 거래하는 형태)에서 C2B2C(Consumer to Business to Consumer ; 소비자가 기업을 통해 다른 소비자에게 판매하는 형태)로 변화하고 있어요. 비싼 가격에 거래되는 한정판 상품이나 명품은 가짜도 많기 때문에 진품 여부를 잘 구분하는 것이 중요해요. 중고거래 플랫폼들은 아무나 물건을 팔지 못하도록 하고 판매하는 물건들도 실제로 사용 가치가 충분한지 철저히

검사를 거치지요. 이런 방법으로 고객으로부터 신뢰를 얻기 위해 힘쓴답니다.

지속가능한 친환경적 소비

    한 청바지 회사는 중고 청바지를 가져오면 할인 쿠폰을 제공해요. 수거한 옷은 세척해 다시 판매하고요. 이는 자원 순환과 환경 보호를 목적으로 하지요. 유명 운동화 회사도 탄소 제로 캠페인에 참여하면서 반품된 신발을 세척, 소독해 할인 판매하는 프로그램을 시작했어요. 판매할 수 없는 상품은 운동장이나 경기장 트랙을 만드는 재료로 활용해요.

    쓰던 가구를 매장에 되팔면 새 제품을 살 수 있는 포인트를 지급하는 가구 업체도 있어요. 회사가 사들인 중고 가구는 약간의 수리를 거쳐 알뜰 코너에서 할인해서 판매하기도 해요.

    소비자는 기업과의 중고거래를 통해 원하는 상품을 저렴한 가격에 살 수 있어요. 기업은 중고품 재활용을 통해 ESG(환경, 사회, 지배구조) 경영에 참여할 수 있어요. ESG 경영이란 기업이 환경 보호에 앞장서고, 사회적 약자에 대한 지원 등 공헌 활동을 하며, 법과 윤리를 철저히 준수하는 윤리적인 경영 활동을 한다는 것을 말합니다.

중고거래를 시작하기 전에 꼭 알아야 할 것

중고거래를 할 때는 반드시 보호자의 동의와 허락을 얻어야 해요. 팔고 싶거나 사고 싶은 물건이 있다면 부모님과 상의 후에 중고거래를 시작하세요.

온라인 중고거래는 보통 사진을 보고 이루어지기 때문에 물건에 대한 모든 정보를 알 수는 없어요. 물건을 파는 사람이 나쁜 마음을 가지고 제품에 대해 속이거나, 돈만 받고 연락을 끊거나, 사진에 나온 상품과 다른 상품을 보낼 가능성도 있어요. 중고 거래를 하기 전에 더치트(금융 사기 방지 서비스)나 사이버캅(사기 이력 조회 서비스)에 접속해 판매자의 범죄 내역을 확인하는 것이 좋아요. 하지만 이 또한 과거의 거래 내역을 알아보는 것이기 때문에 확실하게 보증이 되지는 않아요.

그러므로 온라인에서 중고거래를 할 때는 판매자의 정보를 꼼꼼하게 검색해 본 다음 만나서 직접 물건을 보고 사는 것이 안전해요. 또 중고품은 새것에 비해 가격이 싸기 때문에 충동구매로 이어지기가 쉬워요. 중고거래를 하기 전에 꼭 필요한 물건인지 신중하게 생각하고 결정해야 해요.

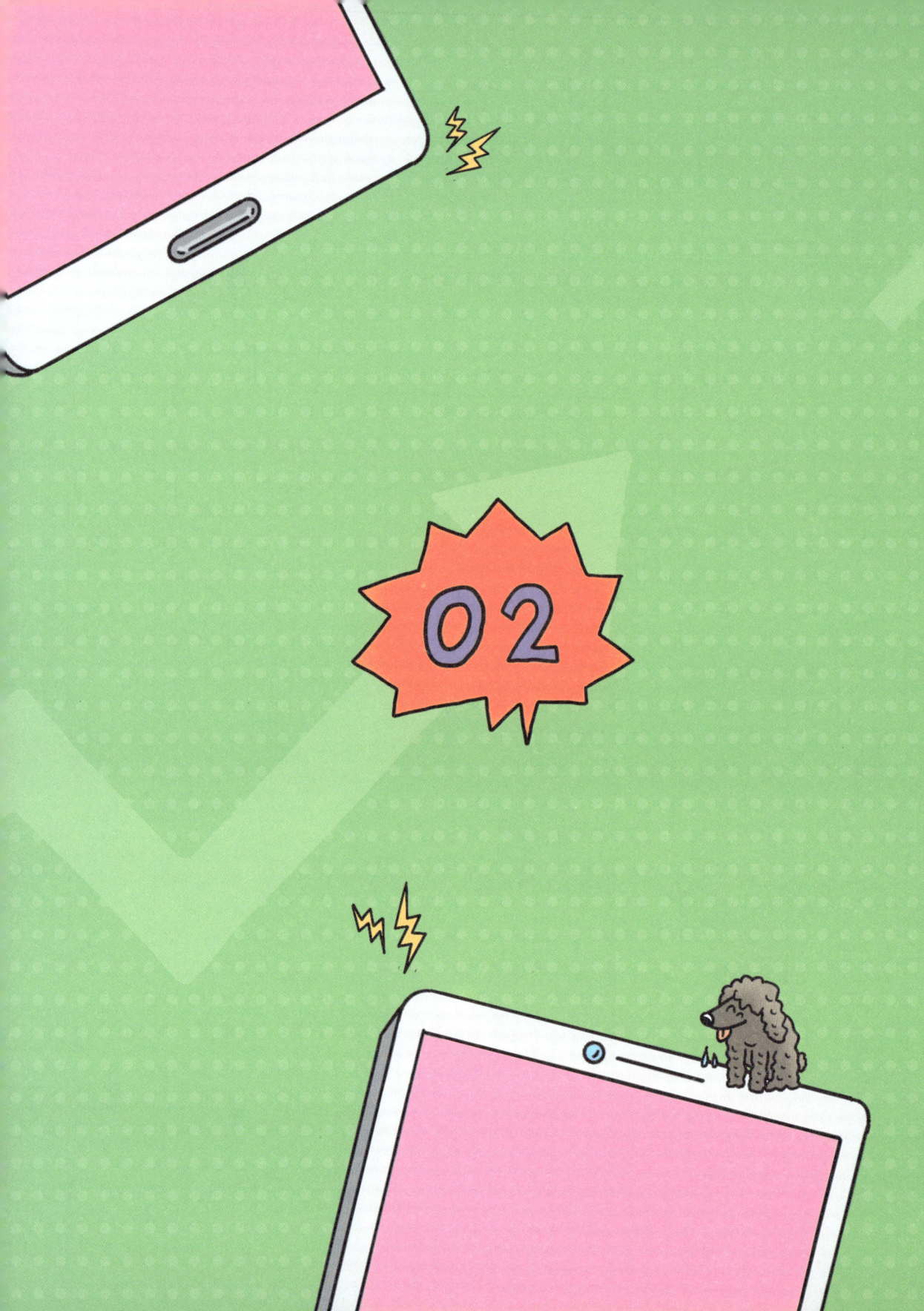

독감에 걸린 엄마

오늘은 우울한 소식이 있어요. 엄마가 독감에 걸려 병원에 입원을 했거든요. 일주일 정도는 병원에 있어야 한대요. 엄마가 빨리 나아서 집에 오면 좋겠어요.

엄마가 입원한 날부터 제가 가족들 식사 준비를 하고 있어요. 웹툰 작가인 아빠는 집에서 일을 하지만 마감이 며칠 남지 않았다며 사흘째 서재에서 일만 하고 계세요. 그래서 식사 준비는 제 몫이 되었어요. 장난꾸러기 동생을 데리고 식사 준비를 하려니 조금 막막해요.

엄마는 라면 같은 거 먹지 말고 꼭 밥을 차려 먹으라고 해요. 하지만 밥을 차리려면 이것저것 꺼내고 만들어야 해서 너무 힘들어요. 설거지거리도 많아지고. 몰래 라면 끓여 먹을까요? 그냥 맨밥만 먹는 건 어때

요? 앱으로 배달시켜 먹을까요?

　아니에요. 그래도 일단 집에 뭐가 있는지 한번 살펴볼게요. 먼저 냉장고를 열어 볼까요?

양파, 파, 마늘, 배추김치, 열무김치, 파김치, 백김치. 무슨 김치가 이렇게 많나요?

싱크대 서랍 안을 한번 볼게요. 김이랑 라면, 국수 이게 다인가 봐요. 이제 곧 점심시간인데, 동생은 아직 어려서 김치랑 라면은 못 먹는데 어쩌죠?

좋은 생각이 떠오르지 않네요. 일단 오늘은 배달시켜 먹어야겠어요.

"아빠, 부엌에 보니까 먹을 게 없어서요. 오늘 점심은 배달 음식 어때요? 아까 주예가 탕수육 먹고 싶다고 했는데. 짜장면이랑 탕수육 시켜주세요."

여러분, 저 밥 먹고 다시 올게요.

모바일로 장보기

짜장면을 먹고 난 뒤 아빠는 내일부터 요리를 해보라고 하셨어요. 매 끼니를 시켜 먹는 건 여러 가지 면에서 낭비라고요. 요리를 하기 위해서는 먼저 식재료를 사야 했어요. 아빠가 너무 바빠 마트에 갈 시간이 없기 때문에 집 앞 마트에 전화를 걸어 물건을 주문하기로 했어요. 하지만 상품의 정확한 이름과 양을 잘 몰라 주문하기가 좀 어려웠어요. 그래서 당장 필요한 것만 전화로 주문한 뒤 스마트폰에 있는 마트 앱을 이용하기로 했죠.

아빠는 별 마트 앱에서 우리가 먹고 싶은 걸 장바구니에 담으라고 하셨어요. 뭘 살까 하고 앱을 천천히 살펴보고 있는데 갑자기 알람이 울렸어요.

'라이브 쇼핑. 밀키트 5+2 할인 생방송. 지금 들어오세요.'라는 알람이었죠.

다섯 개를 사면 두 개를 더 준다고 해서 한번 들어가 봤어요. 지난번에 엄마가 해준 스파게티가 있었어요. 얼른 사고 싶었죠. 엄청 맛있었거든요.

"안녕하세요. 저희 '온가족 밀키트'에서 다시는 없을 역대급 혜택으로 여러분들을 찾아왔습니다. 오늘 혜택, 가격, 구성이 너무 좋기 때문에 이 기회를 꼭 잡으셔야 합니다. 궁금한 점 댓글로 올려주시면 바로 대답해 드립니다. 라이브 방송 중에만 5+2 할인을 진행하고 반찬 3종도 함께 드리니 이번 기회를 놓치지 마세요."

진행자가 이렇게 말하면서 고구마 피자, 순살 치킨, 새우 볶음밥을 보여주는데 침이 꼴깍. 정말 맛있어 보였어요. 아빠가 라이브 쇼핑에 알람을 맞춰 놓은 이유를 알겠더라고요. 가격이랑 혜택 때문에 안 살 수가 없었어요.

아빠는 마스크도 다 써 간다며 장바구니에 넣으라고 하셨어요. 그런데 며칠 사이에 마스크 가격이 많이 올랐더라고요. 아마 독감이 갑자기 유행하면서 가격이 오른 거 같아요.

아빠는 공장에서 마스크를 더 많이 만들어 공급이 늘어나면 다시 가격이 내려갈 거라고 하셨어요. 그런데 마스크를 만드는 데는 시간이 걸리니까 그 사이에는 비싼 가격으로 살 수밖에 없다고 하셨죠.

필요한 걸 다 사고 나니 장바구니가 가득 찬 느낌이었어요. 이렇게 편하고 쉽게 쇼핑을 할 수 있다니! 마트에 가지 않아도 아무 문제없겠는데요?

택배가 도착했어요. 그런데……

 짜잔. 어제 주문한 물건이 도착했어요. 엄청 많네요? 이제 밥걱정은 안 해도 되겠어요!

 맞게 잘 왔나 확인해 보고 냉장고에 넣을게요. 밀키트 열네 개, 간식, 마스크 열 개. 다 잘 도착했네요. 포장을 풀어서 정리 좀 할게요.

 그런데 어째 물건보다 쓰레기가 더 많은 거 같아요. 종이, 아이스박스, 비닐, 아이스팩, 플라스틱…….

 플라스틱? 아, 어제 먹은 일회용 짜장면 그릇도 오늘 버려야 하는데요. 같이 모아 볼게요.

 짜장면 용기 세 개, 탕수육 용기 두 개, 단무지 용기 두 개, 소스 용기 두 개. 다 합치니 용기만 아홉 개네요? 거기에 비닐까지. 한 끼 먹은 건데 이렇게 많네요. 매일 시켜 먹으면 얼마나 많은 쓰레기가 나올까요? 상상도 하기 싫어요.

　스마트폰만 있으면 집에서 편하게 생활할 수 있다고 생각했는데 이런 문제들이 있었네요. 장바구니 들고 마트 가면 이렇게까지 쓰레기가 많이 나오지는 않을 텐데 편하다고 다 좋은 건 아니네요. 그렇죠? 그래도 모바일 쇼핑의 편리함을 포기할 순 없는데, 이따 아빠랑 똑똑하게 모바일 쇼핑하는 방법에 대해 이야기 나눠 봐야겠어요.

스마트폰 속 시장

시장은 물건을 사고파는 곳이에요. 시장은 각자가 가지고 있는 물건을 교환하기 위해 처음 생겨났어요. 돈을 사용하기 시작하면서 물건 대신 돈으로 거래할 수 있게 되었고요. 이처럼 돈을 사용하는 경제를 '화폐 경제'라고 해요. 화폐를 이용하면서 거래 시간은 줄어들고 생산 시간은 늘었어요.

시장이라는 이름이 붙지 않지만 물건을 사고파는 곳은 모두 시장이라고 할 수 있어요. 여러분이 알고 있는 마트나 편의점, 백화점, 가게 등도 다 시장이에요.

만질 수 없고 보이지 않는 것을 사고파는 시장도 있어요. 주식을 사고파는 주식 시장, 사람의 노동력을 사고파는 인력 시장, 인터넷을 통해 거래하는 온라인 시장 등이지요.

인터넷이 발달하면서 온라인으로 제품과 서비스를 구매하는 사람들이 증가하고 있어요. 많은 사람들이 스마트폰을 갖게 되면서 시장도 스마트폰 속으로 들어오게 되었답니다.

   스마트폰에서 본 제품을 오프라인 매장에서 살 수도 있고, 온라인이나 모바일에서 먼저 결제를 한 뒤에 매장에서 제품을 찾는 것도 가능해졌어요. 이를 'O2O(Online to Offline) 서비스'라고 한답니다.

폭발적으로 성장하는 모바일 쇼핑

　모바일 쇼핑은 인터넷이 가능한 모바일 기기를 통해 제품과 서비스를 구매하는 것을 말해요. 모바일 쇼핑 거래 금액은 매년 꾸준히 증가하고 있어요. 최근에는 온라인 쇼핑의 70%가 넘는 거래가 모바일에서 이루어지고 있답니다. 특히 배달 주문 등의 음식 서비스의 경우 온라인 거래 중 모바일이 차지하는 비율이 97%를 넘어요.

　모바일 쇼핑은 크게 웹 기반 서비스와 앱 기반 서비스로 나눌 수 있어요. 앱 기반 서비스는 앱을 설치한 사람들만 쓸 수 있어요. 웹 기반 서비스는 앱을 설치하지 않아도 검색 엔진에서 검색할 수 있어서, 앱을 설치하지 않은 사람들도 이용하기 쉬워요. 하지만 많은 기업들은 자신의 앱을 고객의 스마트폰에 설치하고 싶어 해요. 앱 설치를 통해 더 많은 고객의 정보를 얻고 알림이나 메시지로 개인에게 맞춘 서비스를 제공할 수 있기 때문이지요.

　모바일 쇼핑은 단순히 화면이 모바일 기기에 맞춰 작아지는 것이 아니라 SNS를 통한 로그인, 간편 결제 시스템, 위치에 따른 서비스 등 편리한 디지털 경험을 제공해요. 제품 후기, 평점 등의 정보를 찾아 주문하는 과정이 간단하고 편리해서 더 많은 사람들이 이용할 것으로 예상한답니다.

참여해 볼까?
모바일 라이브 쇼핑

"이 스웨터는 안쪽이 양모 소재로 돼 있어서 무척 따뜻해요. 한번 보여 드릴게요."

한 남성이 스마트폰을 보며 흰색 스웨터를 소개하고 있어요. 채팅 창에는 질문과 요청이 쏟아져요. '스웨터 뒷면을 보여 달라.'는 요청에 뒤돌아 뒷면을 보여 주고, '옷에서 냄새가 나느냐?'는 질문에는 스웨터에 코를 묻고 냄새를 맡아 보아요.

모바일 라이브 쇼핑은 실시간 영상을 통해 상품을 소개하고 판매하는 온라인 쇼핑의 한 형태예요. 직접 사용하는 모습을 보며 채팅으로 진행자에게 질문이나 요청을 할 수 있어 제품에 대한 정보를 빠르게 얻을 수 있어요.

영상에는 시청하는 사람의 수, 혜택, 쿠폰, 결제 등이 표시되고 다른 사람의 반응이나 이야기가 공유돼요. 방송할 때만 주어지는 할인 혜택이 많기 때문에 시청하면서 동시에 구매를 하는 사람들이 많아요.

'왕홍'이라는 말을 들어본 적 이 있나요? '왕홍'은 중국어로 '1인 크리에이터' 혹은 '인터넷 스타'를 말하는데 온라인 방송을 통해 여러 가지 상품을 판매하는 사람들이에요. 왕홍이 진행하는 모바일 라이브 쇼핑은 큰 인기를 모으며 중국의 소비 시장을 바꾸고 있어요.

쇼핑에 기술을 더하면

　증강 현실 기술(AR)을 이용해 스마트폰에서 제품을 체험해 볼 수 있는 서비스가 인기예요. 소비자가 원하는 장소에 스마트폰을 비추면 화면에 제품이 설치된 모습으로 나타나는 'AR 카달로그'가 대표적인 예지요. AR 카달로그를 이용하면 가구나 가전제품이 우리 집과 어울리는지 미리 확인해 볼 수 있어요.

　먼저 AR 전용 앱을 설치하고 관심 있는 제품을 선택해요. 스마트폰 카메라를 원하는 장소에 비추면 화면에 3D로 제품의 이미지가 나타나요. 사용자는 모바일 화면에서 위치나 색상을 변경하며 우리 집에 맞는 제품을 고를 수 있어요.

　AR 앱을 이용해 안경과 옷, 신발을 가상으로 착용해 볼 수도 있어요. 또 AR 필터를 이용해 원하는 화장품으로 회장한 모습도 볼 수 있어요. 화장품을 선택하고 얼굴을 비추면 그 제품으로 화장한 모습이 나타나고 사진까지 찍을 수 있어요. 화장 전후의 모습을 비교해 구매 결정을 할 수 있어요.

　젊은 층을 주 고객으로 하는 기업들은 고객 사은품으로 AR을 활용하기

도 해요. 한 피자 회사는 유명 아이돌의 AR 포토카드를 사은품으로 증정했어요. 서비스로 주는 포토카드에 스마트폰을 비추면 아이돌의 동영상 메시지가 나타나요.

가격은 왜 자꾸 변할까?

어떤 물건이나 서비스를 사고자 하는 것을 '수요'라고 하고, 팔고자 하는 것을 '공급'이라고 해요. 주어진 가격에서 소비자가 구입하려고 하는 양을 '수요량', 주어진 가격에서 공급자가 판매하려고 하는 양을 '공급량'이라고 하지요.

수요, 공급, 가격은 서로 영향을 주고받아요. 어떤 물건의 가격이 올라가면 구입하려고 하는 수요량은 줄어들어요. 1,000원 하던 아이스크림이 3,000원으로 올랐다고 생각해 보세요. 사는 사람이 줄어들겠죠? 반대로 어떤 물건의 가격이 올라가면 공급량이 늘어나요. 왜냐하면 1,000원 하던 아이스크림이 3,000원으로 오르면 아이스크림을 파는 판매자는 돈을 더 많이 벌기 위해 공급량을 늘리기 때문이지요.

　이렇게 사는 사람이 늘었다가 줄어드는 과정이 반복되면서 어느 순간 수요와 공급이 딱 만나는 지점이 생기게 돼요. 이때의 가격을 '균형 가격'이라고 해요. 사람들은 이 균형 가격에 따라 무엇을 얼마나 생산하고 소비할지 결정해요.

　영국의 경제학자 애덤 스미스는 가격은 보이지 않는 손에 의해 결정된다고 말했어요. 보이지 않는 손은 수요와 공급이 서로 균형을 이루어 나가는 과정을 말해요. 판매자가 가격을 정하거나 조정하지 않아도 수요와 공급의 양에 따라 자연스럽게 제품의 가격이 정해진다는 뜻이에요.

합리적인 모바일 소비를 위해

　필요한 물건과 서비스에 돈을 쓰는 것을 '소비'라고 해요. 떡볶이를 사 먹는 것, 모바일 쇼핑을 하는 것 모두 '소비 활동'이지요.

　쇼핑몰의 수많은 상품을 보면 사고 싶은 소비 욕구가 생겨요. 하지만 갖고 싶은 것을 모두 산다면 꼭 필요한 물건을 살 돈이 부족해져요. 그래서 합리적인 소비를 하는 습관이 중요해요.

합리적인 소비를 하기 위해서는 사려고 하는 물건이 내게 꼭 필요한 것인지 생각해 보아야 해요. 필요한 것과 그렇지 않은 것을 구분하고, 먼저 사야 할 것과 나중에 사도 좋은 것을 결정해요. 그리고 제품에 대한 정보도 많이 알고 있어야 해요. 같은 물건이라도 쇼핑몰마다 가격이 다를 수 있기 때문에 어디에서 사는 것이 가장 좋은 선택인지 살펴보고 판단해야 해요.

온라인으로 물건을 사기로 했다면 믿을 수 있고 안전한 사이트인지 확인한 다음 취소와 환불 정책에 대한 정보도 찾아보아야 해요. 개인정보 보호를 위해 비밀 번호는 다른 사람이 잘 알 수 없는 것으로 설정하고 주기적으로 바꾸는 것이 좋아요. 신용카드에 대한 정보는 가능한 저장하지 않는 것을 권해요.

또한 배송지는 안전한 곳으로 선택해 잃어버리거나 잘못 배송되는 일이 없도록 해야 해요.

03

마트에서 생긴 황당한 일

오늘은 친구 지혜의 생일이에요. 깜짝 파티를 하려고 지금 라미와 함께 마트에 가고 있어요. 선물이랑 과자, 음료수를 살 생각인데요. 새로 생긴 마트에 맛있는 게 많다는 이야기를 들어서 기대가 돼요.

"아인아, 돈 챙겨 왔어? 내 용돈으로 선물 사고 네 용돈으로는 과자랑 음료수를 사는 거 어때?"

"좋아. 지난주에 받은 용돈 안 쓰고 모아 놨지. 우리 초코 빵 쌓아서 케이크도 만들자. 풍선도 사고. 지혜가 깜짝 놀라겠지?"

와. 처음 보는 과자가 많네요. 안 먹어 본 과자는 다 사고 싶던데 저만 그런 거 아니죠? 지혜는 감자 칩을 제일 좋아하는 데 어디 있을까요? 저기 있네요. 망고 주스랑 초코 빵도 바구니에 담고 불닭 스낵? 요즘에 구하기 힘든 과자라고 하던데 여기 있네요. 한번 먹어 보고 싶었는데. 잘됐다. 이제 선물을 고르러 문구 코너로 가 볼게요.

"어! 이거 지혜가 좋아하는 토끼 캐릭터 아니야? 필통이랑 필기구 세트네."

"맞아. 지혜가 그 캐릭터 모으던데. 그거 사면 되겠다."

"가격도 적당해서 내 용돈으로 살 수 있겠어. 여기 풍선도 있어."

"그럼 이제 다 고른 거지? 계산하러 갈까?"

"응. 지혜 오기 전에 얼른 가서 파티 준비하자."

"그런데 아인아! 저기 안내문 봐봐. 현금으로 결제가 안 된다는데?

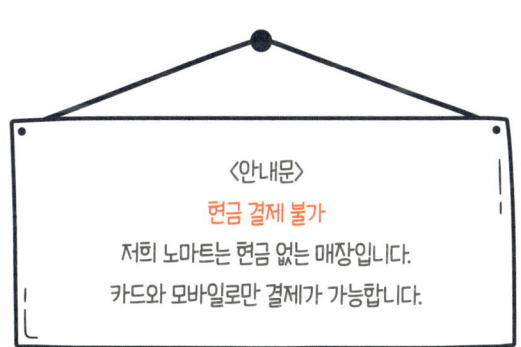

"응? 그럼 우리가 가진 돈으로 못 사는 거야? 라미야, 너 카드 같은 거 있어?"

"당연히 없지."

"그럼 어떡하지? 도로 갖다놔야 하나? 그럼 생일 파티는? 지혜 올 시

간 다 됐는데 어떡하지? 계산대에 있는 아주머니한테 한번 물어볼까?"

"그러자."

"저기요. 현금으로는 이거 못 사나요? 저희 현금 밖에 없는데."

"학생들, 어쩌지? 여기는 카드랑 모바일만 돼. 거슬러 줄 잔돈도 없고. 나중에 다시 와야겠는데?"

여러분, 돈이 있는데도 물건을 살 수 없다니 이게 무슨 일인가요? 일단 고른 물건들 제자리에 가져다 놓을게요. 요즘에 현금 없는 매장이 있다던데 여기가 그런 줄 몰랐네요. 미리 알았으면 다른 데 갈걸.

우리처럼 현금 밖에 없는 초등학생은 물건을 살수 없다니. 우리 할머니도 카드 안 쓰고 현금만 쓰는데……. 돈이 있어도 못 산다니 억울해요. 생일 파티 준비하는 거랑 재미있게 파티하는 모습을 영상에 담고 싶었는데 이제 어떡하죠?

모바일로 결제할게요

저는 다시 현금 없는 마트에 가고 있어요. 저도 이제 그 가게에서 결제를 할 수 있게 되었거든요. 은행에서 카드를 만들었냐고요? 아니에요! 스마트폰 안에 돈이 들어 있어요. 바로 전자화폐라는 건데요. 지난번에 마트에서 빈손으로 나온 영상을 본 부모님이 전자화폐를 이용해 보는 게 어떻겠냐고 하셨어요. 깜짝 생일 파티를 망쳐서 속상해 하는 걸 보고는 함께 방법을 생각해 주셨죠. 전자화폐는 폰 배터리가 없거나 인터넷 문제가 생길 때는 이용할 수 없다는 단점이 있지만 비상금을 들고 다니면 되니까 한번 이용해 보자고 하셨어요.

전자화폐를 이용하기 위한 준비물은 엄마와 저의 스마트폰이 전부였어요. 은행에 갈 필요도 없었고요. 은행 앱에 가입을 하고 보호자 동의를 받으면 앱 속에 저의 지갑이 생겨요. 그 지갑으로 엄마가 용돈을 보내 주셨어요. 돈이 어떻게 이동을 한 거냐고요? 은행에 있는 엄마 계좌에서 제 스마트폰으로 입금한 거래요. 이런 걸 디지털 금융이라고 해요. 인터넷 뱅킹이나 각종 페이 서비스, 전자화폐도 모두 디지털 금융이고요. 그러니까 오늘은 제가 처음으로 디지털 금융을 경험하는 날이에요.

드디어 마트에 도착했어요. 저기 불닭 라면이 있네요. 드디어 사게 되는 건가요? 매우니까 초코 우유도 같이 살게요. 그럼 이제 계산대로 가 볼까요?

지갑 없이 스마트폰만 가지고 왔는데 과연 결제가 잘 될까요? 엄마랑 연습한대로 한번 해 볼게요. 모바일 앱을 열고 화면을 찍으면 결제 완료! 정말 빠르고 간편한데요? 거스름돈을 받을 필요도 없고 물건만 챙기면 되요. 스마트폰만 있으면 저도 이제 현금 없는 마트에서 결제를 할 수 있어요!

인터넷 통신 장애라고요?

오늘은 라미와 함께 새로 생긴 햄버거 집에 가 볼 거예요. 여기는 키오스크로 주문을 받고 로봇이 서빙을 해 준데요. 늘 궁금했는데 오늘 드디어 가 보네요. 자, 그럼 들어가 볼까요?

점심시간인데 사람이 많이 없네요. 저기 키오스크가 보이네요. 키오스크는 처음인데 잘 할 수 있겠죠?

"아인아, 넌 무슨 버거 먹을 거야?"

"오리지널 버거가 제일 맛있다던데? 너는?"

"그럼 나도 그게! 달콤 치즈 스틱? 이것도 하나 시켜 보자."

"그래. 그렇게 주문할게."

오리지널 세트 2개랑 치즈 스틱 선택하고, 장바구니에 넣은 다음 모바일 결제 누르면 되는 거겠죠? 어? 안 되네? 주문 방법에 적혀 있는 대로 했는데 왜 안 되지? 이렇게 하면 '결제가 완료되었습니다.'라는 안내가 떠야 하는데 안내가 나오지 않고 화면이 정지해 버렸어요. 제가 키오스크는 처음이라 뭔가 잘못한 게 있나 봐요. 그럼 다시 해 볼게요. 메뉴를 선택하고 장바구니에 넣은 다음……

"라미야, 직원이 그러는데 지금 여기 결제가 안 된다는데? 카드랑 모바일로 하는 건 다 안 된대."

"뭐라고? 안 된다고?"

"학생들, 지금 인터넷 장애 때문에 카드건 모바일이건 다 결제가 다 안 되요. 무슨 문제가 생겼는지 한 삼십 분 전부터 인터넷이 멈춰 버려서 인터넷을 이용하는 모든 서비스도 멈춰 버렸어요. 여기 근처에 있는 다른 가게들도 다 결제가 안 된다고 하던데 혹시 현금 없어요?"

"현금은 없는데……, 언제쯤 고쳐질까요?"

"모르겠어요. 여기 인터넷이 복구되려면 시간이 좀 걸리지 않을까요?"

휴우. 엄마가 이런 일이 생길지도 모른다고 늘 비상금을 가지고 다니라고 했는데 깜박하고 안 챙겨 왔네요. 지금 현금이 있으면 얼마나 좋을까요? 맛있는 오리지널 버거를 냠냠 먹고 있겠죠? 스마트폰으로 결제하는 게 엄청 편리하고 멋지다고 생각했는데 그게 다가 아니었어요. 이렇게 인터넷 장애가 생기면 쓸 수가 없어요. 햄버거 먹을 생각에 잔뜩 기대하고 왔는데 그냥 돌아가야겠어요. 아, 배고파.

지갑은 필요 없어 전자화폐가 있으니까

스마트폰으로 결제하는 장면 본 적이 있나요? 스마트폰 속에 돈이 들어 있는 걸까요? 스마트폰 속에 들어 있는 것은 지폐 같은 진짜 돈이 아니라 전자화폐예요. 전자화폐란 정보 형태로 전자기기에 저장된 돈을 말해요. 현금 대신 사용할 수 있는 새로운 개념의 화폐지요. 미리 충전해서 쓰는 교통카드나 게임 머니, 쇼핑몰의 적립금이나 포인트, 각종 페이 서비스 등이 전자화폐에 속해요.

전자화폐는 충전된 금액이 숫자로 표시되고, 그 숫자만큼 진짜 화폐와 같은 가치를 가져요. 스마트폰 같은 전자기기 안에 들어 있으니 따로 지갑을 가지고 다니지 않아도 되고 큰돈도 쉽게 보관할 수 있어요. 계산하고 거스름돈을 받을 필요가 없어서 적은 금액을 사용하기도 좋아요. 또 시간과 장소에 상관없이 온라인에서 결제가 가능하고 결제 내역도 쉽게 찾아 볼 수 있어요. 나라 전체로 보면 지폐나 동전을 만드는 비용을 줄일 수 있고,

청구서 같은 종이 문서를 줄일 수 있다는 장점이 있어요.

게임 머니? 교통 카드? 모두 전자화폐랍니다

전자화폐는 크게 IC카드형과 네트워크형으로 나뉘어요. IC카드형은 칩이 내장된 플라스틱 카드로 티머니 같은 교통 카드가 이에 해당돼요. 티머니는 은행에서 발행하는 체크카드나 신용카드와는 달리 보호자의 동의 없이 발급받을 수 있고, 모바일로도 이용이 가능해요. 미리 일정 금액을 충전해서 쓰는 선불형 카드로 단말기가 있는 곳에서만 이용할 수 있어요.

네트워크형 전자화폐는 온라인에 전자화폐의 가치를 저장했다가 네트워크를 통해 일정 금액을 결제하는 방식으로 실물 카드가 존재하지 않아요. 이체나 결제할 때는 온라인에서 컴퓨터 파일로 처리해요.

마일리지는 가장 활발하게 사용되는 네트워크형 전자화폐예요. 물건을 살 때마다 쌓이는 마일리지는 포인트, 적립금, 쿠폰의 형태로 고객에게 지급돼요. 카드 회사, 항공사, 식당, 카페, 주유소 등 많은 기업에서 고객을 모으기 위해 마일리지 서비스를 활용하고 있어요.

온라인 게임에서 레벨 업을 하거나 아이템을 구매하고 장비를 강화하기 위해서 사용하는 게임 머니도 네트워크형 전자화폐에 속해요.

간편해서 간편 결제 인 거야?
간편 결제 시스템, 스마트 페이

스마트폰이 보급되고 온라인 쇼핑이 모바일로 옮겨오게 되면서 물건 값을 지불하는 방법에도 변화가 생겼어요. 스마트 페이, 즉 모바일 간편 결제는 모바일 기기에 저장된 지문이나 신용카드 정보 등을 이용하여 빠르고 간편하게 결제하는 서비스를 말해요. 온라인과 오프라인 모두에서 사용할 수 있고 복잡한 결제 절차를 대폭 줄였기 때문에 사용자가 편리하게 쓸 수 있어요.

온라인 쇼핑몰에서 상품을 주문할 때 비밀번호만 입력하면 결제가 완료

되고 물건 값은 연결된 카드나 계좌에서 지급돼요. 오프라인에서 물건을 사고 난 후 가게에 있는 카드 단말기에 스마트폰만 갖다 대면 결제가 이루어져요. 이는 스마트폰 속에 있는 NFC 통신이라는 기능 때문이에요. NFC는 가까이 있는 장치끼리 서로 데이터를 주고받을 수 있는 기술이에요. 스마트폰의 NFC 기능을 켜고 단말기에 가까이 가져가면 결제가 끝나요.

스마트 페이에는 페이 머니라는 전자화폐를 충전해 물건 값을 지불하는 서비스도 있어요. 은행 계좌를 연결하면 온라인과 오프라인 모두에서 사용할 수 있어요.

스마트 페이는 스마트폰을 기반으로 하기 때문에 폰이 꺼지거나 네트워크 장애가 생기면 사용할 수 없다는 단점이 있어요. 또 결제 내역이 모두 기록으로 남기 때문에 개인 정보가 유출될 가능성도 있으므로 보안에 주의하며 사용해야 해요.

우리 동네에서만 쓸 수 있어요
지역 화폐

    지역 화폐는 특정한 지역에서 쓰이는 화폐를 말하며 지역 내 소비를 촉진하여 지역의 경제를 활성화하기 위해 지방자치 단체에서 발행하고 있어요. 전통 시장이나 소상공인들이 운영하는 가게에서 사용하는 것을 목적으로 하기 때문에 대형마트나 대형 온라인 쇼핑몰에서는 사용할 수 없어

요. 지역 화폐로 결제하면 실제 가격보다 할인된 가격으로 물건을 살 수 있다는 장점이 있어요.

지역 화폐는 크게 종이로 된 지류형과 스마트폰을 기반으로 하는 모바일로 나눌 수 있어요. 지류형은 금융 기관에서 별도의 가입 절차 없이 살 수 있어요. 하지만 한 번만 사용할 수 있기 때문에 만드는 데 계속해서 비용이 발생하고 위조 화폐가 유통될 수 있다는 단점이 있어요.

모바일 지역 화폐는 앱과 연결되어 있기 때문에 발행 비용이 적게 들고 보관이 간편해요. 또 거스름돈을 받을 필요가 없고 남은 금액을 실시간으로 확인할 수 있어요.

물물 교환부터 종이돈까지
화폐의 변신과 기능

화폐가 발명되기 전에 사람들은 어떻게 필요한 물건을 얻었을까요? 바로 물건과 물건을 바꾸는 물물교환을 통해 얻었어요. 하지만 내가 원하는 물건을 누가 가지고 있는지, 언제, 얼마만큼씩 교환해야 손해를 보지 않는지 알아내는 것은 어려웠어요. 그래서 등장하게 된 것이 쌀, 조개 껍데기, 소금 같은 물품 화폐에요. 그런데 물품 화폐는 가지고 다니고 보관하는 것이 어려웠어요. 그래서 사람들은 금이나 은으로 만든 금속 화폐를 사용하게 되었고, 나중에는 더 가볍고 갖고 다니기 쉬운 종이로 화폐를 만들었어요. 그것이 오늘날 우리가 쓰는 지폐예요.

  화폐에는 크게 세 가지 기능이 있어요. 첫째, 교환의 기능이에요. 돈과 원하는 물건을 바꿀 수 있어요. 물건을 '사는 것'이 바로 돈과 물건을 '바꾸는 것'이에요. 둘째, 물건의 가치를 표시해 줘요. 대부분의 물건에는 가격이 정해져 있어요. 가격으로 물건의 가치를 알 수 있고 비교도 할 수 있어요. 셋째, 가치를 저장하는 기능이에요. 어부가 물고기를 많이 잡았다고 생각해 보세요. 물고기를 창고에 저장하면 상하거나 말라서 그 가치가 떨어지

겠죠? 하지만 돈으로 바꾸어 보관하면 가치는 변하지 않을 거예요. 은행에 저금을 할 수 있는 것도 저장 기능 때문이에요.

돈이 있어도 못 사는 세상 현금 없는 사회

"손님, 여기는 현금으로 결제할 수 없습니다."

용돈으로 받은 지폐나 동전을 들고 마트에 갔을 때 이런 안내를 받는다고 상상해 보세요. 아마도 카드가 없는 사람들은 물건을 못 사고 그냥 나와야겠죠. 신용카드와 모바일 결제가 증가하면서 현금을 받지 않는 가게들이 늘어나고 있어요. 카드 결제만 가능한 버스 노선도 생겼고요.

한 조사에 따르면 현금이 아닌 결제 방식을 이용하는 사람들이 70%를 넘었다고 해요. 지갑에 든 돈의 액수도 과거에 비해 적어졌고요. 편리하고 간편한 결제 시스템 때문에 현금을 들고 다니는 사람들이 줄어든 것이죠.

'현금 없는 사회'란 지폐와 동전을 사용하지 않고 신용카드나 전자화폐

로 거래하는 사회를 말해요. 현금을 만들고 유지하는 비용을 줄일 수 있고 돈을 어디에 썼는지 투명하게 알 수 있는 장점이 있어요.

  하지만 현금이 모두 사라지고 카드나 모바일로만 결제를 한다면 현금만 쓰는 사람들이 금융에서 소외되는 현상이 발생할 수 있어요. 또, 네트워크 장애나 자연 재해 같은 상황에서는 거래를 할 수 없다는 문제가 있어요. 실

제로 2021년 10월에 약 한 시간 반 동안 한 통신 회사의 네트워크가 오류를 일으킨 일이 있어요. 식당과 마트, 자판기의 카드 결제가 막혔고 모바일 결제를 사용하는 사람들도 거래를 하지 못 했어요. 키오스크로 주문을 받는 가게에서는 키오스크가 작동하지 않아 많은 사람들이 불편을 겪었어요.

책을 버려야 한다고?

저는 오늘 책 정리를 하려고 해요. 책이 워낙 많아서 책장에 들어갈 자리가 없어요. 그래서 방 안 여기저기에 쌓아둔 지 오래 되었어요. 가족들이 안 읽는 책은 버리라고 하는데 그러기는 정말 싫어요. 하지만 버리지 않고 정리를 한다는 게 가능한지는 모르겠어요. 어떻게 하면 좋을까요? 언니 방 책장은 늘 깔끔하게 정리되어 있던데 언니한테 한번 물어봐야겠어요.

"언니! 책장 정리 어떻게 하는 거야?"

"먼저 간직할 책이랑 처분할 책을 나눠야지. 책장에서 처분할 책만 꺼내고."

"처분이라니?"

"버리거나 기증하는 거지. 마침 작은 도서관에서 책을 기증받고 있어. 출판된 지 5년 이내의 깨끗한 책만 받는대. 그것보다 오래되거나 상태가 안 좋은 건 버려야지. 상자 두 개를 가져 와서 기증할 것, 버릴 것으로 구분해서 담아 봐."

"버린다고? 1학년 때 봤던 마법 만화책도? 2학년 때 봤던 그리스 로마 신화도?"

"그거 다 찢어지지 않았어? 라면 국물 흘린 것도 있을 걸? 그리고 요즘엔 보지도 않잖아. 다른 책 보는 거 같던데?"

"아니야. 1년에 한 번은, 아니 2년에 한 번은 꺼내 봐. 버리기 아쉬운데."

휴. 그래도 일단 언니가 시키는 대로 해 봐야겠어요. 버리든 안 버리든 정리는 해야 되니까요.

언니 방처럼 깨끗해지는 건 좋은데 버리는 건 영 내키지 않네요.

"너 그렇게 아쉬워하다가는 하나도 못 버리고 지저분한 방에서 계속 살아야 할 걸. 그리고 혹시 또 보고 싶으면 도서관에서 빌려 보면 되니까 걱정하지 말고 정리해."

"도서관에 매일 갈 수는 없잖아. 책을 버리려니 너무 아까워. 책을 가지고 있으면 읽지는 않아도 왠지 든든하단 말이야."

"그래? 그렇게 아쉽다면 한 가지 방법이 있지."

"뭔데?"

"스마트폰! 그 속에 해결책이 있어!"

"스마트폰 속에?"

"스마트폰 속의 구독 경제를 이용하는 거야. 전자책을 구독하면 도서관에 가지 않아도 언제 어디서든 책을 빌릴 수 있거든."

"그래? 스마트폰 안에 도서관이 있는 거야? 어떻게 이용하는 건데?"

"빨리 정리하고 아빠한테 가서 물어봐. 잘 설명해 주실 거야. 아빠가 요즘에 구독 경제에 관심이 많으시거든."

"알겠어. 그런데 언니, DVD는 어떻게 해? 이것도 그냥 버려?"

"DVD도 기증할 수 있어. 도서관 미디어 자료실에 갖다 주면 돼. 기증할 때 나도 같이 가자. 기증하는 뿌듯함을 나도 느껴야지!"

나만 빼고 모두 구독 경제?

어제는 도서관에 책과 DVD를 기증하고 왔어요. 방도 깨끗해지고 좋은 일을 한 것 같아 기분이 좋았어요. 그리고 오늘은 아빠와 함께 전자책 구독에 대해 이야기를 나누려고 해요. 전자책은 종이가 아니라 파일의 형태로 저장되어 있어서 스마트폰으로 언제 어디서나 볼 수 있는 책이라고 해요.

"아빠, 전자책 구독 서비스가 뭐예요?"

"매달 일정한 금액을 내고 무제한으로 책을 읽을 수 있는 서비스란다. 스마트폰이나 태블릿PC, 컴퓨터로 이용할 수 있어. 도서관에 가면 빌릴 수 있는 권수가 정해져 있잖아? 그런데 전자책 구독은 그런 제한이 없어. 앱 안에 있는 책은 얼마든지 빌릴 수 있단다. 그게 장점이지."

"책을 무겁게 들고 다닐 필요도 없겠네요?"

"맞아. 책을 들고 다닐 필요도 보관할 필요도 없지. 스마트폰으로 가입하고 바로 읽으면 되니까."

"저도 빨리 해 보고 싶어요. 아빠."

"그래. 2주 동안은 무료로 쓸 수 있으니 한번 체험해 보렴. 앱은 설치했지?"

"네. 한번 들어가 볼게요. 와! 어린이 청소년 카테고리에 제가 좋아하는 SF랑 판타지도 많네요. 이거 '내서재'에 담으면 되는 거죠?"

"맞아. 그럼 루미의 가상 서재에 전자책이 들어가게 되는 거란다."

"폰 화면이 진짜 책처럼 바뀌었어요. 도서관에 안 가도 이렇게 책을 빌릴 수 있다니 너무 신기해요."

딩동 딩동!

"루미야 잠시만, 택배 왔나 보다."

"웬 꽃이예요? 꽃이 택배로 온 거예요?"

"응. 사실 이 꽃도 구독하고 있는 거야. 언니가 요즘 꽃꽂이 배우고 있는 거 알지? 꽃꽂이 한 거 보니까 집에서 연습을 많이 해야겠더라고. 그래서 연습할 꽃을 지난주부터 구독하고 있어. 꽃 시장에 가는 건 즐겁고 신나는 일이지만 거기까지 가는데 시간과 비용이 들어. 영업시간에 맞춰

가는 게 불편하기도 하고. 그래서 루미와 의논하고 일단 한 달만 구독 신청을 했어. 스마트폰으로 원하는 주기와 기간을 설정해 놓으면 이렇게 집에서 꽃을 받아 볼 수 있어. 농장에서 바로 꽃을 보내준다는 데 정말 그런가 보구나. 꽃 상태가 정말 좋네."

"아하, 그럼 오늘이 아빠가 설정한 배송일인가 보네요."

"맞아. 한 번 신청해 놓으면 따로 신경 쓰지 않아도 되어서 좋아. 요즘에는 이렇게 구독할 수 있는 상품이 많아. 구독료를 내고 필요한 물건이나 서비스를 이용하는 경제 활동을 구독 경제라고 한단다."

"언니도 그럼 구독 경제를 체험하고 있는 거네요?"

"그래. 그런 셈이지."

"우리 집에서 구독하는 게 또 있어요?"

"어제 먹은 복숭아랑 사과 있지? 그것도 구독 신청을 한 거야. 친환경 농장에서 2주에 한 번씩 야채랑 과일이 배송돼. 제철 농산물을 받아 볼 수 있는 구독 서비스거든."

"마트에서 장을 보고 무겁게 들고 오지 않아도 되니 편하겠어요."

"맞아. 서로 가벼운 거 들겠다고 너희 엄마랑 티격태격했던 걸 생각하면 구독하길 참 잘한 거 같아. 하하. 그리고 우리 가족이 가장 자주 이용하는 구독 서비스는 바로 OTT야."

"OTT? 그게 무슨 뜻이에요?"

"OTT는 Over The Top의 앞 글자를 딴 말이야. 텔레비전에 설치했던 셋톱박스를 넘어선다는 뜻이지. 인터넷을 통해 영화, 드라마, TV 방송 등 각종 영상을 제공하는 서비스를 말해. 루미가 자주 보는 유튜브 있지? 그런 서비스를 OTT라고 한단다."

"아, 스마트폰으로 영상 보는 거 말하는 거죠?"

"그렇지. 스마트폰이나 TV, 컴퓨터로 OTT 서비스를 이용할 수 있지. 아빠는 다큐멘터리를 좋아하는데 이번에 새로 가입한 플랫폼에는 다큐멘터리가 많아. 이것저것 검색해 보지 않아도 취향에 맞는 다큐멘터리를 추천해 줘서 편하게 볼 수 있어."

"어제 DVD도 기증했는데. 그럼 DVD가 없어도 이걸로 영화를 볼 수 있는 거네요?"

"맞아. 그런데 여기 있는 것도 있고 없는 것도 있어. 보고 싶은데 여기 없다면 다른 OTT에서 찾거나 돈을 내고 봐야지."

"우리 가족들 모두가 구독 서비스를 이용하고 있는지 몰랐어요. 저도 2주 동안 열심히 전자책을 구독해 볼게요."

"그래. 루미가 이용해 보고 느낀 점을 말해 줘. 그러면 계속 구독할지 말지 결정할 수 있을 테니까."

루미, 구독을 시작하다

오늘은 아빠, 언니와 함께 그동안 이용했던 구독 서비스를 계속 이용할지에 대해 의논하기로 한 날이에요. 언니는 꽃을, 저는 전자책을 구독했죠. 먼저 언니의 이야기를 들어 볼게요.

"언니, 꽃 정기 구독 어땠어?"

"괜찮았어. 단순히 꽃만 배송 받는 게 아니라 꽃을 관리하는 방법이나 정보도 알려 줘서 도움이 많이 됐어. 다만 배송 받는 주기를 좀 조절하고 싶어. 3주에 한 번 정도로. 한 달에 한 번은 시장에 가보고 싶거든."

"그래. 주기를 조절하는 건 스마트폰으로 간단하게 되니까 그것만 바꾸고 계속 구독하도록 하자. 우리 로미가 연습한 걸 보니 지난번보다 훨씬 잘 했던데. 구독한 보람이 있어. 루미는 전자책 어땠어?"

"저는 2주 동안 책을 다섯 권이나 읽었어요. 스마트폰으로 언제 어디서나 읽을 수 있으니 많이 읽게 되었어요. 제 취향에 맞는 책을 추천해 줘서 편했어요. 도서관에서 빌린 책에는 표시를 할 수 없는데 전자책에는 밑줄을 긋고 저장까지 할 수 있어서 좋았어요. 그런데 제가 찾는 책 중에 없는 책도 꽤 있었어요. 그럴 때는 좀 아쉬웠지만 적어 놨다가 도서관에서 빌리면 되니까 괜찮아요. 책을 읽고 정리를 안 해도 된다는 거, 책장에 도로 꽂아 놓을 필요가 없다는 게 전자책의 큰 장점이었어요."

"하하. 정리를 싫어하는 우리 루미에게 딱 맞는 서비스네. 그래. 그럼 루미도 전자책 구독을 시작해 보자. 만약에 구독을 멈추고 싶을 땐 아빠한테 꼭 이야기해 주렴. 구독 서비스는 매월 자동으로 결제되기 때문에 해지를 하지 않으면 서비스를 이용하지 않아도 돈이 빠져 나가. 그리고 무제한이라고 너무 전자책에만 빠져 있으면 안 돼. 그건 알고 있지?"

"네 아빠. 물론이죠."

궁금해요. 구독 경제

구독 경제는 정해진 비용을 내고 정기적으로 제품이나 서비스를 제공하는 거래를 말해요. 구독자가 원하는 상품을 원하는 때에 편리하게 받을 수 있다는 장점이 있어요.

우유나 신문을 배달받거나 정수기나 공기 청정기를 빌리는 것도 구독 경제에 속해요. 구독 서비스는 크게 무제한 이용형, 정기 배송형, 대여형으로 나눌 수 있어요.

일정 금액을 내고 마음껏 영화나 책을 보는 것은 무제한 이용형이에요. 인터넷만 연결하면 음악, 영상, 문자 등의 콘텐츠를 언제든지 무한대로 즐길 수 있어요. 계속해서 콘텐츠를 추가해 주고 추가한 것에는 따로 비용을 내지 않아요.

정기적으로 생수나 식품 등을 배송 받는 것은 정기 배송형에 속해요. 필요한 상품의 배송 주기를 정할 수 있어서 매번 사야 하는 번거로움을 줄일 수 있어요. 정기적으로 팔 수 있어서 기업은 안정되게 이용자를 확보할 수 있고, 이용자는 할인된 금액으로 상품을 살 수 있다는 장점이 있어요. 배송 시스템의 발달과 함께 구독할 수 있는 상품의 영역이 점점 늘어나고 있어요.

대여형은 전자 제품이나 가구 같은 가격이 비싼 물건을 빌려서 사용하고 매달 일정한 요금을 내는 형태예요. 제품 점검과 부품 교체 같은 관리 서비스가 포함되어 있는 경우가 많아요. 정기적인 관리를 통해 기업은 고객의 불편 사항이나 요구를 꾸준히 수집하고 제품에 반영할 수 있어요.

이런 것까지 구독한다고? 자동차, 반려동물 용품, 이모티콘 구독 서비스

여러분은 어떤 자동차를 타고 싶나요? 매달 다른 자동차를 탈 수 있다면 어떨까요?

자동차 구독은 매달 일정 금액을 내면 원하는 차량을 골라 탈 수 있는 서비스예요. 월 구독료에는 대여료, 보험, 정비, 자동차세가 포함되어 있고

 정해진 횟수만큼 새로운 차로 바꿀 수 있어요. 스마트폰 앱으로 차를 선택하면 자동차 회사가 배달을 해 주지요.

 자동차뿐만 아니라 자동차를 운전하는 데 필요한 여러 가지 기능도 구독할 수 있어요. 자율 주행 기능이나 실시간 교통 정보, 위성 지도 등이 이에 해당해요. 강아지나 고양이를 키우고 있나요? 그렇다면 반려동물을 위한 구독 서비스를 이용해 볼 수 있어요. 사료, 간식, 장난감, 의약품 등 반려동물에게 필요한 물품을 정기적으로 받아 볼 수 있어요. 몸무게나 알레르기 유무, 취향을 반영한 맞춤 상품을 받을 수 있고, 배송 전에 제품을 확인하고 변경 요청도 할 수 있어요. 반려동물을 키우는 사람들이 늘어나면서 반려동물과 관련된 구독 서비스도 다양해지고 있어요.

이모티콘을 자주 쓰는 사람들에게 유용한 구독 서비스도 있어요. 이모티콘 구독 서비스는 약 10만 개가 넘는 이모티콘을 자유롭게 이용할 수 있는 서비스예요. 대화 내용에 맞는 이모티콘을 추천해 주고 감정별, 상황별 이모티콘도 손쉽게 찾을 수 있어 다채로운 이모티콘을 쓰고 싶어 하는 사람들에게 유용해요.

이외에도 꽃, 과자, 야채, 그림, 화장품 등 구독 서비스로 이용할 수 있는 상품과 서비스는 매우 다양하고, 기업들은 새로운 구독 서비스를 개발하기 위해 노력하고 있어요.

구독 경제의 성장은 스마트폰 때문?

우유나 신문을 구독하고 정수기나 자동차를 빌려서 이용하는 것은 새로운 일이 아니에요. 그런데 단순 배달에 머물렀던 구독 경제가 최근 몇 년 사이에 거의 대부분의 산업에 적용되고 있어요. 그 이유는 바로 스마트폰 때문이에요.

예전에는 신문을 구독하기 위해서는 콜센터나 지역 영업소에 전화를 걸어 신청해야 했어요. 불만이나 변경할 내용이 있을 때도 마찬가지였고요. 그러다 보니 고객 입장에서도 불편하고 번거로웠고 기업도 영업에 비용을 써야 했어요. 기업과 고객이 직접 만나 거래하는 것은 불가능했어요. 하지만 스마트폰의 등장으로 고객은 기업과 바로 소통할 수 있게 되었어요. 구독 서비스 신청과 결제, 그리고 해지하는 것까지 모바일로 할 수 있게 되었어요. 어떤 기업이든 모바일 기술을 이용해 고객과 만날 수 있게 되면서 구독 서비스는 점차 확산되기 시작했어요.

특히 스마트폰으로 영화나 음악을 즐기는 사람들이 늘어나면서 디지털 콘텐츠와 관련된 구독 경제는 크게 성장했어요. 디지털 콘텐츠는 인터넷을 기반으로하는 영화, 드라마, 애니메이션, 음악, 게임, 책 등을 말해요. 유튜브 영상이 바로 디지털 콘텐츠예요. 스마트폰으로 구독 서비스를 신청하고 바로 즐길 수 있는 디지털 콘텐츠가 구독 경제를 이끌고 있어요.

글로벌 기업들은 구독 경제를 좋아해요

마이크로 소프트, 애플, 구글, 아마존은 세계 경제를 이끄는 글로벌 기업들이에요. 이들은 세계 최고의 기업 가치를 자랑하며 세계 시장을 주도하고 있어요. 미래를 이끄는 기술을 가졌다고 평가받는 이들의 공통점은 바로 구독이에요. 판매하는 상품과 서비스는 다르지만 모두 구독 경제를 지향하고 있어요.

마이크로 소프트는 컴퓨터와 컴퓨터 관련 프로그램을 만드는 회사예요. 예전에는 프로그램을 구입한 후 컴퓨터에 설치해야 했지만 이제는 매달 구독료를 내고 이용할 수 있어요. 기업의 입장에서는 매달 일정한 수익을 얻을 수 있고 고객들이 어떻게 이용하고 있는지 실시간으로 확인할 수 있다

는 장점이 있어요.

　아마존은 구독 서비스를 이야기할 때 빠지지 않고 등장하는 기업이에요. 아마존은 유료 구독 서비스 덕분에 세계 최대의 유통 기업으로 성장할 수 있었어요. 아마존을 구독하는 회원들은 할인과 빠른 배송 서비스를 제공받고 아마존의 전자책, 음악과 영상 서비스를 무료로 이용할 수 있어요. 이들은 오랫동안 아마존 사이트에 머물면서 물건을 구매하고 콘텐츠를 즐겨요.

　구글을 떠올리면 가장 먼저 생각나는 것이 무엇인가요? 아마 유튜브일 거예요. 유튜브를 유료로 구독하면 영상 중간에 등장하는 광고를 보지 않아도 돼요. 또, 동영상을 내려 받거나 작은 화면으로 보거나 소리로만 전환할 수 있어요. 구독료를 내고 영상을 시청하기에 편리한 환경을 제공받는 것이죠. 구글은 유튜브뿐만 아니라 영화, 음악, 게임 등도 구독으로 제공하고 있어요.

　아이폰을 만드는 애플 또한 음악이나 동영상 등의 구독 서비스를 제공하고 있어요. 여러 가지 구독을 한데 묶어 저렴한 가격으로 제공하는 구독 서비스를 판매하고 있고 기기까지 월정액에 빌려주는 서비스를 시작했어요.

생산을 담당하는 조직, 기업

기업은 전문적으로 생산을 하기 위해 만들어진 조직이에요. 생산을 하기 위해서는 토지, 노동, 자본 이 세 가지가 꼭 필요해요.

토지는 생산을 하기 위해 필요한 땅을 말해요. 공장을 짓기 위한 공장터, 농사를 짓기 위한 농지가 토지예요. 노동은 물건이나 서비스를 생산하는 데 필요한 사람의 노력을 뜻해요. 몸으로 일하는 육체노동과 머리를 써서 일하는 정신노동이 모두 노동에 해당해요. 자본은 생산 활동을 하기 위해 필요한 재료, 기계, 시설 등이나 그것들을 마련하는 데 들어가는 돈이에요.

전통적인 기업들은 최대한 돈을 많이 버는 것을 목표로 토지, 노동, 자본을 이용해 경제적으로 가치 있는 것을 생산하거나 원래 있던 가치를 늘리는 활동을 했어요. 물건을 대량으로 만들고 최대한 많이 판매해서 이익을 크게 얻을 수 있었어요. 신제품이 나오면 광고를 하고 매출을 높이기 위해 노력했지요. 고객의 불편 사항이나 제품의 품질 향상은 다음 제품이 나올 때야 비로소 반영할 수 있었어요.

하지만 구독 경제에서는 한 번에 높은 이윤을 얻는 것보다 꾸준하고 안

정된 수익을 얻는 것을 더 중요하게 여겨요. 그래서 고객의 의견을 바로 반영하고 서비스를 높이기 위해 노력하지요. 고객이 구독을 끊지 않고 계속 이용하도록 하기 위해서는 고객의 의견을 반영하고 좋은 관계를 유지하는 것이 중요해요.

구독을 시작하기 전에 꼭 기억해요

　자신과 잘 맞는 구독 서비스를 찾는 가장 좋은 방법은 직접 사용해 보는 거예요. 많은 기업들이 무료 체험을 제공하고 있기 때문에 그 기간 동안 이용해 보고 나에게 필요한 서비스인지 아닌지 판단할 수 있어요. 정해진 기간이 지나면 요금을 내야 하므로 구독을 계속하지 않을 거라면 유료로 전환되지 않도록 주의를 기울여야 해요.

　구독 서비스를 계약하기 전에 확인해야 할 것들이 있어요. 다른 사람과 공유하면서 사용할 수 있는지 알아보아야 해요. 여러 대의 기기에서 사용할 수 있다면 그만큼 구독료를 아낄 수 있어요. 또 중복되는 구독 서비스를 사용하고 있는지 미리 확인해야 해요.

　구독 서비스의 특징 중 하나는 한 번에 큰돈을 내지 않고 적은 금액으로 제품과 서비스를 이용하는 것이에요. 적은 금액을 결제하지만 구독료를 모두 다 합쳐 보면 생각보다 많을 수 있어요. 그렇기 때문에 정기적으로 꼭 필요한 서비스인지 생각해 보고 신중하게 가입을 해야 해요.

　구독 서비스는 매달 정해진 금액이 자동으로 결제되는 경우가 많기 때문에 계약한 금액이 제대로 결제되고 있는지 확인해야 해요. 또 사용하지 않는 구독이 있는지 주기적으로 확인하는 것도 중요해요. 자주 이용하지 않거나 이용할 계획이 없는 서비스는 미리 정지나 해지 신청을 해서 돈이 나가지 않게 해야 해요.

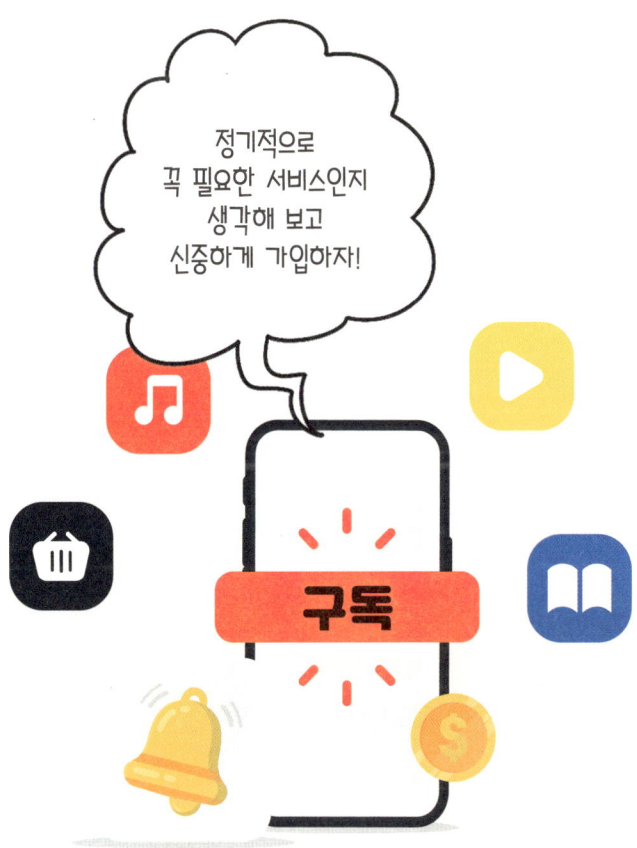

05

구름이와 함께 떠나는 제주도 여행

저 엄청 즐거운 일이 생겼어요. 제주도로 가족여행을 가게 되었거든요. 더 좋은 건 뭔지 아세요? 우리 집 강아지 구름이도 함께 간다는 거예요! 구름이와 함께 가는 첫 여행이라니. 어제는 너무 기뻐 잠도 안 오는 거 있죠?

갑작스럽게 결정된 여행이라 준비할 것들이 많아요. 엄마와 형은 여행 일정을 짜고 아빠랑 저는 숙소를 예약하기로 했어요. '우리 가족과 구름이에게 딱 맞는 숙소 찾기!' 이게 오늘의 미션이에요.

"아빠, 구름이도 같이 갈 수 있는 곳으로 알아봐야겠네요?"

"그렇지. 반려견 숙박이 가능한 곳으로 찾아보자."

"어제 제가 컴퓨터로 몇 군데 찾아 봤는데, 여기 어때요? 강아지도 데리고 갈 수 있고, 수영장도 있어요."

"와 좋다! 그런데 우리 네 식구에 강아지 추가 요금까지 하면 숙박비가 너무 비싸겠는데. 여행 예산을 훨씬 넘기겠어."

"그럼 여기는요? 가격도 적당하고 무엇보다 전망이 아주 좋대요. 제주 바다가 한눈에 내려다보이고 예쁜 산책로도 있어요. 엄마가 정말 좋아할 것 같아요."

"어디 보자. 지도에서 보니까 여기는 공항이랑은 가깝지만 관광지와는 너무 멀어. 이동하는데 시간이 많이 걸리겠는데?"

"숙소를 고르는 게 간단한 게 아니네요."

"다음 주는 여행 성수기라 괜찮은 방은 거의 예약이 끝났을 거야. 게다가 우리는 구름이까지 데리고 가야하니 더 만만치 않지."

"맞다. 지난번에 형이 어디 여행갈 때 구름이 데리고 간 적 있죠? 거기 다른 사람 집이었다던데 그것도 호텔이에요?"

"그건 호텔이 아니라 아마 공유 숙소일 거다. 공유 숙박 서비스를 이용한 것 같던데. 형한테 한번 물어 볼까?"

공유 숙소를 찾았어요

"형! 공유 숙박 서비스? 그게 뭐야?"

"공유 숙박은 여행이나 출장 때문에 자기 집을 비우는 동안 숙소가 필요한 사람들에게 집을 빌려 주는 서비스야. 집을 빌려 주는 사람을 호스트라고 하고 빌리는 사람을 게스트라고 해. 호스트가 모바일 앱에 집에 대한 소개와 사진을 올리면 게스트가 예약을 하는 방식이야."

"그럼 스마트폰으로 집을 빌리는 거네?"

"쉽게 말하면 그런 거야. 생각해 봐. 우리가 제주도 여행을 가게 되면 며칠 동안 집이 비게 되잖아? 그럼 공유 숙박 앱에 우리 집에 대한 소개와 정보를 올리는 거야. 우리 집에 묵고 싶어 하는 여행객이 있다면 우리는 빈 집을 빌려주고 돈을 버는 셈이지. 단, 호스트는 자기가 거주하는 집 한 채만 공유 숙소로 운영할 수 있고, 반드시 사업자로 등록을 하고 영업을 해야 해. 한 해 동안 집을 빌려 줄 수 있는 일수도 정해져 있고."

"비어 있는 집을 빌려주고 돈을 벌다니. 너무 좋은 아이디어인데?"

"맞아. 호스트뿐만 아니라 게스트에게도 많은 장점이 있어. 호텔이나 리조트처럼 정해진 형태가 아니라 다양한 집을 둘러보고 고를 수 있지. 전통 가옥이나 숲 속 나무집을 빌릴 수도 있어. 호텔이나 리조트에 비해 방값도 비교적 저렴하고 호스트에게 여행 정보도 얻을 수 있어."

"그런데 원하는 지역에 공유 숙소가 있는지 어떻게 알아? 스마트폰 앱으로 찾는 거야?"

"응. 공유 숙박 앱으로 원하는 지역의 숙소를 검색해 보는 거야. 언제 어디서든 실시간으로 숙소를 예약하고 결제할 수 있어. 전 세계 거의 모든 곳에 공유 숙소가 있어. 나는 친구들이랑 같이 앱을 보면서 적당한 숙소를 찾았어. 스마트폰이 있으니까 함께 의논하고 결정하기가 쉬웠지."

"스마트폰 덕분에 게스트와 호스트가 연결될 수 있는 거구나. 아빠, 우리도 공유 숙소를 찾아봐요. 구름이랑 뛰어놀 수 있는 마당이 있는 집으로요! 좋은 숙소가 있을 것 같아요."

아빠와 저는 스마트폰으로 각자 마음에 드는 집을 골랐어요. 저는 마당에 수영장이 있는 집이 마음에 들었어요. 마당에서 구름이도 마음 놓고 뛰어놀 수 있을 것 같았거든요. 하지만 아빠는 근처에 맛집이 많은 숙소로 가자고 하셨어요. 이동하기 편한 게 제일이라며 의견을 굽히지 않으셨죠. 결국 가족 모두 모여 투표를 하기로 했어요. 아빠처럼 맛집을 좋아하는 엄마를 설득하는 일은 정말 힘들었어요. 하지만 숙소에서 나오는 설거지를 제가 다 하겠다는 귓속말을 들은 엄마는 결국 제가 원하는 숙소인 별빛 바다를 선택하셨어요. 형도 당연히 그곳을 선택했고요. 아빠는 아쉬워하면서도 스마트폰으로 별빛 바다를 예약하고 결제까지 마쳤어요. 제가 고른 숙소를 구름이와 함께 간다고 생각하니 기분이 참 좋아요. 이 모든 것을 스마트폰 하나로 해결한다는 게 믿기지가 않아요.

여기는 제주도 별빛 바다입니다

첫째 날 이야기

짜잔! 여기는 제주도 별빛 바다입니다. 숙소가 아니라 할머니 집 같은 느낌이에요. 원래 이 집은 주인아주머니의 부모님이 살던 집인데 오랫동안 집을 비울 일이 있어 공유 숙박을 시작하게 되었다고 해요. 아주머니는 숙소 주변 관광지뿐만 아니라 구름이가 뛰어놀기 좋은 산책로와 하늘 가득 별을 볼 수 있는 작은 바닷가를 소개해 주셨어요.

숙소 앞 해안 도로를 따라가면 멋진 해변이 나온다는 말을 듣고 지금 형과 함께 나가 보려고 해요. 그런데 해변까지 가는 버스는 잘 오지 않고 걸어가기엔 멀어서 어떻게 할지 고민 중이에요.

"형, 그냥 버스 기다릴까?"

"버스가 한 시간에 한 대밖에 없어서 오래 기다려야 하는데, 어떡하지? 아! 너 폰 가지고 왔지?"

"응. 가져왔지."

"폰 있으니까 자전거 타자. 근처에 공유 자전거가 있어."

"공유 자전거? 폰으로 자전거를 빌리는 거야?"

"응. 검색해 보니까 근처에 공유 자전거 두 대가 있더라고. 그거 빌려서 타면 될 것 같아. 이 앱 깔아봐. 지도가 나올 거야."

"다 깔았어. 지도 여기."

"그래. 거기까지 걸어가서 자전거 타고 해안 도로로 나가자. 멀지 않네."

여러분 저기에 빨간 자전거 두 대가 보여요! 오면서 사용법을 익혔는데 한번 해 볼게요. 먼저 자전거 앱을 열고 QR 코드를 스캔하면, 주행 가능한 상태가 되었다고 뜨네요.

그럼 저는 해안 도로를 따라 달려 보겠습니다. 자전거에 스마트폰을 장착할 테니 지금부터 제주도 해안도로의 풍경을 감상해 보세요. 출발!

둘째 날 이야기

여러분. 이 식당 아시죠? '백씨네 최강 요리'라는 프로에서 우승한 식당! 아빠가 제주도에 온 이유는 바로 이 집 때문이에요. 아빠는 맛집 마니아거든요. 사람들이 정말 많고 줄이 길다는 말에도 아빠는 아랑곳하지 않고 모두를 데리고 오셨어요. 구름이만 빼고요. 구름이가 주인아주머니와 그새 친해져 맡기고 왔거든요. 그런데 골목 입구부터 이렇게 차가 많은데 과연 식사를 할 수 있을까요?

"여보, 먼저 내려서 대기 순번을 받아 놓고 기다리고 있어요. 근처에 주차하고 애들이랑 갈게요. 여보, 내리자마자 뛰어야 하는 거 알죠? 그래야 빨리 먹지."

그런데 식당 근처에는 차를 댈 만한 곳이 없어 보여요. 저 큰 주차장에 자리가 하나도 없네요.

"아빠, 식당 주차장이 꽉 찼는데요?"

"저쪽 건너편으로 한번 가 보자. 주차장 찾다가 시간 다 가겠는데."

"아빠 스마트폰에 공유 주차장 앱 있잖아요. 한번 들어가 볼까요?"

"그래. 맞아. 내가 왜 공유 주차장을 생각 못했지?"

"형, 공유 주차장 앱이 뭐야?"

"스마트폰으로 비어 있는 주차 공간을 검색할 수 있는 서비스야. 지난번에도 아빠랑 맛집 갔다가 이걸로 주차 자리 찾은 적이 있어. 주차비도 적당했어. 스마트폰에 있는 GPS가 우리 위치를 파악해서 주변에 비어 있는 주차장으로 안내해 줘. 아빠, 여기예요! 이 건물 안 주차장에 자리가 있어요. 지도 여기요."

"우리 동희가 아빠랑 맛있는 거 먹으러 다니면서 센스가 늘었어. 저기인가 보네."

스마트폰으로 주차 자리를 찾다니 너무 편리한데요? 주차할 곳을 찾아 돌아다니지 않아도 되니 시간도 절약 되고요.

생각해 보니 여행 와서 여러 가지 공유 경제를 체험하고 있는 것 같아요. 공유 숙박, 공유 자전거, 공유 주차장. 공유 숙소가 없었다면 구름이랑 같이 올 수도 없었을 거고, 공유 자전거가 없었다면 해안 도로를 달리지도 못했을 거고, 공유 주차장이 없었다면 아마 엄청 먼 곳에 차를 대서 엄마를 오랫동안 기다리게 했겠죠?

무엇보다 이 모든 것을 스마트폰 하나로 알아보고 이용할 수 있다니 정말 편리해요. 스마트폰 속에 있는 공유 경제. 여러분도 한번 경험해 보세요.

더 알아보아요

공유 경제
내 걸 빌려주고 돈을 벌 수 있어요

내가 잘 쓰지 않는 물건을 남에게 빌려주고 돈을 벌 수 있다면 어떨까요? 나는 돈을 벌어서 좋고, 빌리는 사람은 사는 것보다 싸게 이용할 수 있어서 좋고, 새로운 물건을 자꾸 만들지 않아도 되니 환경에도 좋은 일이겠죠? 공유 경제는 바로 이런 생각에서 출발했어요.

공유 경제란 어떤 대상을 소유하지 않고 필요한 만큼만 빌려 쓰는 형태의 경제 활동을 말해요. 대량으로 생산하고 소비하던 과거의 경제와는 비교되는 개념이지요.

스마트폰으로 간단하고 편리하게 원하는 재화나 서비스를 이용할 수 있기 때문에 다양한 분야에서 공유 경제의 영역이 늘어나고 있어요.

공유 경제의 가장 큰 장점은 구매하는 비용보다 적은 비용으로 원하는 자원을 이용할 수 있다는 거예요. 필요한 시기에 필요한 만큼만 이용하는 것이니 당연히 비용이 적게 들겠죠. 게다가 기업들은 공유 경제를 통해 새로운 사업의 기회를 얻을 수 있어요. 또, 낭비를 줄일 수 있기 때문에 사회적으로도 이익이 될 수 있어요.

스마트폰이 사람과 사람을 이어줘요

우물을 본 적이 있나요? 우물은 마을 사람들이 함께 '공유'하던 것이었어요. 개인 소유가 아닌 마을의 소유로 마을 사람들이 자유롭게 이용할 수 있었어요. 현재의 도서관이나 공원도 많은 사람들이 함께 공유하며 이용하고 있어요. 공유는 새롭게 등장한 것이 아니라 오래 전부터 지속되어 온 생활 방식이에요. 그렇다면 과거의 공유와 오늘날의 공유는 어떻게 다를까요?

전통적인 공유와 현재의 공유를 구분 짓는 가장 큰 차이점은 바로 '온라인에 기반한 플랫폼'이에요.

과거에는 누구의 집에 빈방이 있는지, 안 쓰는 물건이 있는지 알지 못했어요. 또 누가 그런 물건이나 서비스를 필요로 하는지도 알 수 없었죠. 즉,

과거에는 어디에 공급자와 사용자가 있는지 알지 못했기 때문에 공유할 수 있는 사람들이 적었어요. 하지만 지금은 플랫폼(앱)을 통해 자신이 원하는 물건과 서비스를 찾을 수 있게 되었고, 남는 자원을 다른 사람에게 제공할 수 있게 되었어요. 많은 사람이 스마트폰을 갖게 되면서 언제 어디서나 손쉽게 원하는 서비스를 주고받을 수 있게 된 것이죠. 과정이 간단해지면서 공유할 수 있는 자원이나 서비스도 늘어나게 되었어요.

집과 자동차를 빌려주는 기업들

공유 경제 기업들은 사용하지 않는 자원을 가진 사람과 그것을 필요로 하는 사람을 연결해 주는 일을 해요. 사람들이 만날 수 있는 플랫폼을 만들고 수수료를 받지요.

집을 빌려 드릴게요

에어비앤비는 여행과 숙박 산업을 크게 바꾸었다는 평가를 받고 있는 공유 경제 기업이에요. 호텔을 하나도 가지고 있지 않지만 그 어떤 큰 호텔 기업보다 더 많은 사람에게 숙박을 제공하고 있어요. 에어비앤비를 통해 집주인은 사용하지 않는 공간을 빌려주고 여행객은 상대적으로 저렴한 비용으로 숙소를 구할 수 있어요. 또한 이글루나 전통 가옥, 통나무 집 같은 다양한 형태의 숙소를 제공하기 때문에 여행객의 기호와 필요에 맞게 선택할 수 있어요.

2008년에 서비스를 시작한 에어비앤비는 최근에 크게 성장했어요. 그럼으로써 주식이 상장되었는데 그 규모가 세계 최대 호텔 기업인 힐튼을 훨씬 뛰어넘었어요.

실제로 2020년이 지나자 에어비앤비에 등록된 숙소는 700만 개가 넘었어요. 약 220개 국에서 참여하고 있다고 하니 세계 대부분의 나라에서 에어비앤비를 만날 수 있는 셈이에요.

자동차를 빌려 드릴게요

자동차는 주차된 시간이 많을까요? 아니면 움직이는 시간이 많을까요? 당연히 정답은 '주차된 시간이 많다.'예요. 한 조사에 따르면 승용차는 하루의 90% 이상을 주차된 채로 있다고 해요. 근처에 사는 누군가는 당장 탈 자동차가 없어서 고민하고 있는 상황이인데도 말이에요. 이때 자동차와 자동차가 필요한 사람을 연결해 준다면 어떨까요? 서로에게 이익이 되지 않을까요? 게다가 자동차를 만드는데 필요한 자원을 아끼고 생산 과정에서 발생하는 환경오염도 줄일 수 있을 거예요. 여기서 아이디어를 얻어 사업을 시작한 사람들이 있어요. 바로 세계적인 차량 공유 기업 우버의 창업자들이에요.

우버는 자동차를 가진 사람과 승객을 연결해 주는 서비스예요. 렌터카는 회사 소유의 차량을 고객에게 빌려주는 것이지만 차량 공유는 자기 소유의 차로 여유 시간에 다른 사람을 태워 주는 것을 말해요. 운전자는 여유 시간에 자기 차로 돈을 벌고 승객은 우버 앱으로 편리하게 차를 부를

수 있어요. 우버의 편리함이 알려지면서 이용자도 빠르게 늘어 현재는 세계 최대의 공유 경제 기업으로 성장했어요.

공유 경제가 싫어요
공유 경제를 금지해 주세요

공유 경제는 개인적, 사회적으로 이익을 가져다주기도 하지만 오랜 기간 동안 유지되어 온 기존의 산업과 마찰이 생기기도 했어요. 차량 공유 기업과 이해관계가 충돌한 것은 택시 업계였어요. 우리나라에서 택시 기사가 되려면 일정한 자격을 갖추어야 하고 택시운전 자격시험을 통과해야 해요. 택시 업계는 자격시험도 보지 않은 기사들이 개인차량에 승객을 태우는 것을 부당하다고 여겨 차량 공유 서비스를 반대했어요. 결국 우리나라에서 개인 자동차를 이용하는 차량 공유 서비스는 금지되었어요.

숙박 공유 서비스 또한 지역 사회와 갈등을 일으켰어요. 에어비앤비가 등장한 이후 관광객에게 단기로 집을 빌려주고 싶어 하는 호스트가 급격

하게 많아졌고 그로 인해 집값이 올랐어요. 결국 비싼 임대료를 내지 못하는 지역 주민들이 삶의 터전을 떠나는 일이 발생했어요. 이를 '젠트리피케이션'이라고 해요. 주민들은 숙박 공유 서비스로 인해 부동산 값이 폭등했기 때문에 에어비앤비를 반기지 않게 되었어요.

소비자에서 공급자로 경제 주체가 변화했어요

경제 활동이란 사람들에게 필요한 것을 생산하고 소비하는 것과 관련된 모든 활동을 말해요. 경제 활동은 크게 생산과 소비로 나눌 수 있어요. 생산은 스마트폰을 만들거나 제과점에서 빵을 만드는 등 생활에 필요한 제품이나 서비스를 제공하는 활동이에요. 소비는 떡볶이를 사 먹거나 병원에서 진료를 받는 것처럼 제품이나 서비스를 구매하고 사용하는 활동이에요.

생산과 소비를 하는 개인이나 단체를 경제 주체라고 하고, 가계와 기업이 이에 해당해요. 가계는 기업이 만든 것을 소비하는 경제 주체이고, 기업은 이윤을 얻기 위해 생산을 담당하는 경제 주체예요.

　전통 경제 체제에서는 각 경제 주체의 역할이 이처럼 명확하게 구별되었어요. 하지만 공유 경제의 등장으로 경제 주체의 역할에 변화가 생기게 되었어요. 기존 경제에서 이용자의 역할을 하던 가계, 즉 소비자가 공급자의 역할을 담당하게 되었어요. 공유 경제로 인해 보통 사람들도 재화와 서비스의 공급자가 되었고, 개인과 개인의 거래가 활발해졌어요. 기업은 생산자 역할 뿐만 아니라 개인과 개인을 연결하는 중개자의 역할까지 하게 되었어요.

위기에 처한 호호 베이커리

고소한 빵 냄새로 가득한 이곳은 저희 삼촌이 운영하는 호호 베이커리입니다. 오늘은 오랜만에 단체 주문이 들어와서 삼촌을 도와드리러 왔어요. 지금 재료를 준비하고 있는데요. 삼촌과 함께 반죽을 해서 부드럽고 고소한 오곡 빵을 구울 거예요.

우리 삼촌 가게라서 하는 말이 아니라 호호 베이커리의 빵은 진짜 맛있고 건강해요. 설탕을 최대한 줄여서 달지 않고 대부분의 재료를 농가에서 직접 사오거든요. 판매하고 남은 빵을 복지관에 기부하면서 착한 가게로 선정되기도 했어요. 하지만 가게를 시작한 지 오래되지 않았고 골목 안에 있어서 손님이 기대만큼 많지는 않아요. 삼촌 빵집이 큰길에 있었다면 아마 지금보다 훨씬 장사가 잘 됐을 거예요. 삼촌이 막 들어오네요.

"삼촌, 오곡 빵 재료 꺼내 놨어요. 그런데 삼촌 표정이 왜 그래요? 기분 안 좋은 일 있어요?"

"우리 동네에 또 빵집이 생긴다는구나. 안 그래도 큰길에 이미 빵집이 두 개나 있는데 또 생긴다니 힘이 쭉 빠지네."

"저도 현수막 걸려 있는 거 봤어요. 그래도 저는 삼촌이 만든 빵이 세상에서 제일 맛있던데요. 시간이 지나면 다들 알게 되지 않을까요?"

"나도 처음에는 좋은 재료로 맛있는 빵을 만들면 잘 될 거라고 생각했는데 골목 안쪽에 있어서 그런지 손님이 늘지를 않아. 더군다나 이번에 새로 생기는 가게는 큰길에 있으니 눈에 잘 띄고 대규모로 빵을 만들기 때문에 빵 가격이 우리보다 쌀 거야. 우리 빵은 재료비가 많이 들어서 가격을 내릴 수도 없는데 걱정이구나."

"삼촌, 그럼 우리도 그 가게처럼 현수막을 거는 건 어때요? 정확한 가게 위치도 알리고 좋은 재료 쓴다는 것도 강조하고요. 호호 베이커리 광고를 시작해 보는 거예요."

"그럴까? 아무래도 광고가 좀 필요하겠지?"

"현수막이나 전단지를 활용해 봐요. 제 브이로그 영상에서도 자주 홍보할게요. 아직 구독자가 많지 않아서 도움이 될지는 모르겠지만요."

"그래. 그럼 얼른 오곡 빵 만들고 홍보 계획을 세워 보자."

"삼촌이 반죽을 하는 동안 어떤 홍보를 하면 좋을지 한번 찾아볼게요."

인터넷에 보니 여러 가지 방법이 있네요. 동네에서 가장 눈에 띄는 곳에 현수막을 걸거나, 학교나 학원 근처에서 홍보 전단지를 나눠 주거나, 아파트 승강기나 게시판에 유료 광고를 하는 방법이 있네요. 그리고 마을버스 광고판을 이용하는 방법도 있긴 한데 광고비가 많이 든다고 하네요. 현수막이랑 전단지, 게시판을 활용해 보자고 삼촌에게 이야기해 봐야겠어요. 홍보만 잘되면 금세 손님들로 가게가 북적이겠죠?

리아 카페의 SNS를 따라하라

새 빵집이 개업을 했어요. 개업 기념으로 선물도 나눠 주고 할인 이벤트도 하는 바람에 호호 베이커리에는 손님의 발길이 뚝 끊겼어요. 현수막도, 전단지도, 게시판 광고도 손님을 붙잡을 수는 없었어요. 비싼 돈을 들인 광고가 효과가 없어서 삼촌이 많이 실망하고 있어요. 하지만 저까지 우울해 할 수는 없어서 학원 친구들에게 전단지를 나눠 주려고 해요. 학원에는 빵을 좋아하는 애들이 많거든요. 전단지를 가져오면 쿠키를 서비스로 준다고 큰 소리도 쳤어요. 그래서인지 빵 사러 오겠다고 약속한 아이들도 있어요. 아까 전단지를 받은 리아가 저한테 할 말이 있다고 하던데, 리아한테 잠깐 가 볼게요.

"리아야, 아까 나 찾았어? 나 옆 반에 전단지 돌리러 갔었어."

"은별아, 있잖아. 우리 엄마가 요 앞에서 카페 하는 거 알지?"

"당연하지. 우리 동네에서 제일 유명한 카페잖아. 다른 카페는 다들 어렵다고 하는데 너희 카페만 사람이 많아서 안 그래도 한번 물어보고 싶었어."

"비결이 있어. 사람들 오게 하는 비결."

"뭔데? 나 그 비결 알려 주면 안 돼?"

"너 스마트폰 있지? 그게 바로 비결이야."

"스마트폰으로 사람을 오게 한다는 거야? 어떻게?"

"스마트폰 안에 있는 SNS! 그게 바로 성공의 비결이야! SNS에 '리아 카페'라고 검색해 봐. 그럼 감이 올 거야."

리아가 알쏭달쏭한 말을 남기고 가 버리네요. 일단 리아가 시키는 대로 리아네 카페 SNS에 한번 들어가 볼게요.

페이스북에는 새로운 메뉴가 나왔다는 소식이 있네요. 수박 주스, 청사과 에이드, 딸기 빙수……. 여름을 겨냥한 메뉴인가 봐요. 신 메뉴 출시 기념으로 1+1 행사도 하고 있어요. 우리 삼촌도 꾸준하게 새로운 레시피를 개발하고 있는데 새로운 메뉴가 나오면 이렇게 적극적으로 알리면 좋을 것 같아요. 리아 카페에서 쓰는 커피 원두와 차에 대한 이야기도 있네요. 좋은 재료를 쓴다는 걸 강조하는 글이 많아요.

우와! 지금 '리아 카페'로 사행시 이벤트를 하고 있는데 당첨되면 음료 쿠폰을 세 장이나 준대요. 저도 한번 응모해 볼까요? 당첨되면 새로 나온 여름 메뉴를 마셔 보고 싶어요.

인스타그램에는 수채화같이 예쁜 사진으로 가득하네요. 리아 카페가 이렇게 예쁜 곳이었나요? 사진에서 커피 향이 나는 것 같아요. 아늑하고 따뜻한 사진이 많아요. 음료를 크게 찍은 사진은 메뉴를 고를 때 도움이 되겠어요. 리아 카페 음료를 찍어서 '#리아카페'라는 해시태그와 함께 올리면 할인 쿠폰을 주는 이벤트도 하고 있네요. 호호 베이커리는 어떤 해시태그가 어울릴까요? 삼촌이랑 같이 고민해 봐야겠어요.

유튜브에는 꾸준하게 올린 영상들이 꽤 있네요. 일주일에 한 번씩 꾸준히 업로드하는 것 같아요. 카페를 소개하는 영상도 있지만 카페에서 직접 음료를 만드는 영상이 인기가 많아요. '알바생 추천 메뉴', '이건 꼭

마셔봐.' '리아 카페 베스트 메뉴'처럼 눈길을 끄는 제목을 가진 영상의 조회 수가 높아요. 만드는 과정을 보고 있으니 자연스럽게 어떤 재료를 쓰는지 알 수 있어요. 제가 좋아하는 생크림이 올라간 핫초코를 만드는 영상도 있어요. 맛있겠다.

빵 만드는 영상도 이렇게 찍어 보면 좋겠어요. 삼촌이 쓰는 좋은 재료를 소개하면서 자연스럽게 빵집 홍보도 될 테니까요.

 이제 스마트폰으로 사람들이 모이게 한다는 말이 무슨 뜻인지 알겠어요. SNS를 이용해 가게를 홍보하고 제품을 광고하는 것! 무작정 가게를 소개하는 게 아니라 사람들에게 필요한 정보를 주고 방문하고 싶은 마음이 들도록 하는 것!

 생각해 보니 이건 돈도 들지 않고 스마트폰만 있으면 언제 어디서나 할 수 있는 거네요. SNS가 친구들이랑 사진 공유하고 댓글 놀이하는 곳이라고 생각했는데 이렇게 홍보의 수단으로 이용할 수 있다니. 내일 리아를 만나서 자세한 이야기를 나눠 봐야겠어요.

SNS로 호호 베이커리를 알려라!

오늘 리아와 함께 삼촌네 가게에 왔어요. 리아는 엄마를 도와 SNS 홍보를 하고 있다고 해요. 리아는 삼촌 가게의 사정을 듣고는 SNS 홍보가 꼭 필요하다며 삼촌에게 노하우를 알려주기로 했어요.

"리아야, 와 줘서 고맙구나. 우선 빵이랑 우유 좀 먹으렴."

"네 아저씨, 감사합니다. 이거 무슨 빵이에요? 진짜 맛있어요!"

"그래? 이건 우리 빵집의 대표 메뉴인 오곡 빵이란다. 우리 농산물로 만든 거야."

"어쩐지, 맛이 완전 달라요. 이런 걸 알려야 해요! 좋은 재료 쓴다는 게!"

"아 그렇지. 나도 매장에만 원산지를 적어 놨는데 네 말을 듣고 보니 SNS에도 올려야겠어. 이런 사진이면 되려나? 참, 그리고 리아 카페 SNS

를 보니까 SNS마다 다른 글과 사진이 있던데 그건 왜 그렇게 하는 거니? 같은 내용으로 올리면 안 돼?"

"SNS마다 특징이 다 달라요. 긴 글과 간단한 사진만 올리는 곳, 짧은 글과 예쁜 사진을 올리는 곳, 그리고 정보를 담은 영상을 올리는 곳, 이렇게 나눌 수 있어요. SNS 특징에 맞는 글을 써야 홍보에 성공할 수 있어요."

"우리 삼촌은 빵도 직접 다 만들어야 되는데 그걸 언제 다 해? 나 브이로그 하나 올리는 데도 엄청 오래 걸리는데."

"브이로그는 너의 하루를 찍는 거니까 오래 걸리지. 하지만 홍보용 콘텐츠는 간단한 글과 영상으로 시작하면 돼. 삼촌도 금방 익숙해지실 거야. 우리 엄마도 가게 운영하면서 틈틈이 사진이랑 영상을 찍으셔. 스마트폰으로 하는 거니까 방법만 알면 누구든 할 수 있어. 팔로워를 늘리기 위한 이벤트나 홍보도 꾸준히 하는 게 좋아. 좋은 재료 쓴다는 걸 알리고 싶다면 재료를 구하는 과정을 자세히 설명하면 홍보가 될 거야. 재료를 구하기 위해서 삼촌이 어떤 노력을 했는지 얼마나 재료에 신경을 많이 쓰는지를 알리는 거야. 단지 빵이 맛있다고 하는 것보다 훨씬 사람들의 마음을 움직일 걸?"

"듣고 보니 일리가 있구나. 가게 홍보가 어렵게만 느껴졌는데 SNS를

이용하면 쉽게 할 수 있을 것 같아. 말 나온 김에 지금 사진 한 장 올려야겠다."

"삼촌, 리아네 음료 만드는 영상처럼 삼촌도 빵을 만드는 영상을 올리면 어떨까요? 자연스럽게 재료도 보여 줄 수 있고 삼촌의 실력도 자랑할 수 있을 것 같아요. 제가 촬영 하나는 자신 있거든요. 편집도 할 수 있고요. 우리 가게의 인기 메뉴를 하나씩 만들어 봐요. 유튜브 보니까 빵 만드는 영상이 조회 수도 높고 인기가 많아요. 삼촌 영상을 보면 호호 베이커리에 관심을 가지는 사람들이 많아질 것 같아요."

"하하 그래. 우리 빵집을 위해서라면 못할 것도 없지. 오늘 당장 촬영을 시작해 볼까? 오늘 만들어야 할 빵이 많거든."

"첫 촬영이니까 저도 도와드릴게요. 대신 이 빵 좀 더 줄 수 있나요? 너무 맛있어요."

SNS 홍보를 시작한 지 이 주가 지났어요. 삼촌은 빵을 다 굽고 나면 밝은 조명 아래에서 빵 사진을 찍어요. 그리고 빵에 들어간 재료와 건강에 대한 정보를 SNS에 올려요. 리아의 도움으로 영상도 두 개나 더 올렸어요. 덕분에 좋은 재료를 알아봐 주는 손님이 늘었고, 기부도 하는 착한 가게라며 칭찬도 많이 받았어요. 삼촌의 레시피를 보고 직접 빵을 만들어 본 사람들이 댓글을 남기기도 했어요. 그리고 무엇보다 기분 좋은 변화는 손님이 매일 조금씩 늘어나고 있다는 거예요. SNS 보고 왔다며 스마트폰을 열어 '좋아요'를 누른 것을 보여 주는 손님도 있었어요. 호호 베이커리의 건강하고 맛있는 빵이 SNS를 타고 멀리 멀리 퍼져 나가고 있어요. 여러분도 맛있는 빵 드시러 호호 베이커리로 오세요!

SNS 광고의 시대

과거에는 신제품이 나왔다는 소식을 텔레비전 광고로 처음 알게 된 사람들이 많았어요. 하지만 디지털의 발달로 인터넷에 접속하는 시간이 늘어나면서 광고도 온라인으로 옮겨 왔어요. 온라인 광고 시장에서 큰 성장을 보인 것이 바로 SNS 광고예요. SNS는 Social Network Service의 줄임말로 사용자가 자유롭게 정보를 공유하고 소통하며 사회적 관계를 만들어 가는 온라인 플랫폼을 말해요. 페이스북이나 인스타그램, 트위터, 유튜브, 블로그 등이 해당돼요. 사람들은 인터넷을 통해 얻은 정보보다 가까운 사람의 SNS를 통해 알게 된 정보를 더 믿는 경향이 있기 때문에 많은 기업이 SNS 광고를 하려고 해요.

기업은 다양한 SNS 채널을 통해 새로운 소식을 알리고 기업을 홍보하고 있어요. 빠른 시간 안에 많은 사람에게 광고를 할 수 있고, '좋아요' 수나 댓글로 소비자의 반응도 읽을 수 있어요. 그래서 기업들은 SNS 특성에 맞게 광고를 만들고 고객의 참여를 이끌어 내고 있어요. SNS를 팔로우하거나 이벤트에 참여하면 할인 혜택과 선물을 주는 등 고객과 직접 소통을 하고 관심과 친분으로 신뢰를 쌓아 제품에 대한 긍정적인 이미지를 만들려고 해요. 정부나 지방자치 단체도 정책을 홍보하기 위한 수단으로 SNS를 활용하고 있어요.

제품과 서비스를 널리 알리는 광고

광고는 제품에 대한 정보를 소비자에게 알리는 활동이에요. 광고를 통해 소비자는 제품과 서비스에 대한 정보를 얻을 수 있고, 기업은 판매를 많이 할 수 있어요. 광고는 제품의 기능, 구조, 성능, 가격 등에 대한 정보를 알려 준다는 점에서 소비자에게 도움이 돼요. 하지만 어떤 광고는 품질을 과장해서 이야기하거나 객관적으로 인정할 수 없는 주장을 펼치기도 해요. 또

광고를 제작할 때 들어가는 광고비가 생산비에 포함되기 때문에 제품의 가격을 높이는 원인이 되기도 해요. 그러므로 광고를 볼 때는 이 물건이 나에게 꼭 필요한지, 혹시 광고 때문에 사는 건 아닌지 잘 판단해야 해요.

광고는 크게 상업 광고와 공익 광고로 나눌 수 있어요. 상업 광고는 제품에 대한 정보를 알려서 더 많은 사람이 제품을 사도록 하는 데 목적이 있어요. 공익 광고는 개개인의 이익이 아니라 나라와 국민 전체의 이익을 위하여 만든 광고를 말해요. 담배는 몸에 해롭다거나 에너지를 아껴 쓰자거나 하는 내용의 광고가 공익 광고에 해당돼요.

전통적인 광고와 SNS 광고는 이런 점이 달라요

유명한 아이돌이 나오는 TV 광고를 본 적이 있나요? 예전에는 텔레비전, 전광판, 지하철 광고나 유인물 등이 기업의 메시지를 전달하는 창구의 역할을 했어요. 특히 4대 매체라 불리는 TV, 라디오, 신문, 잡지의 영향력은 매우 컸어요. 대기업에서 새로운 제품을 만들어 내면 4대 매체에 광고와 기사가 실렸어요.

과거의 광고는 대규모로 진행되고 비용도 많이 들었어요. 더 많은 사람에게 닿기 위해서 많은 비용을 써야 했지요. 특히 유명한 사람이 나오거나 볼거리가 많은 광고의 경우 큰 비용이 들었어요. 이런 환경에서 작은 기업이 광고를 하는 것은 쉽지 않았어요. 이에 반해 온라인에서 이루어지는 SNS 광고는 적은 비용으로 큰 효과를 기대할 수 있어서 작은 기업이 만든 제품을 알릴 수 있는 기회가 되고 있어요. 시간과 공간의 제약 없이 고객과 소통하며 브랜드와 제품을 홍보할 수 있어서 작은 기업이나 자영업자에게 꼭 필요한 홍보 수단이 되고 있어요.

바이러스 같이 퍼지는 바이럴 광고

바이럴 마케팅은 소비자가 SNS에서 스스로 기업이나 제품을 홍보하는 것을 말해요. 컴퓨터 바이러스처럼 빠르게 퍼진다고 해서 '바이럴 광고'라는 이름이 붙었어요. 기업이 직접 홍보하는 것이 아니라 소비자의 공유로 퍼져 나간다는 점에서 과거의 광고와는 달라요. 기업의 이름이나 제품이 간접적으로 등장하는 재미있는 영상이나 글이 SNS를 통해 퍼져 나가 어느새 자연스럽게 마케팅이 이루어지는 형태예요. TV 광고보다 훨씬 적은 비용으로 빠르게 퍼진다는 특징이 있어요.

SNS에 올라 온 이용 후기나 제품에 대한 평가를 보고 물건을 살지 결정하는 사람들이 많기 때문에 기업은 활발하게 바이럴 광고를 하고 있어요. 해시태그를 이용해 소비자를 제품 이벤트에 참여하게 하는 것도 바이럴 광고에 속해요. 이외에도 유명한 블로거나 인플루언서와 연결해서 제품을 사용하는 모습을 보여 주거나 자세한 이용 후기를 작성하게 하는 것도 바이럴 광고예요. 단, SNS 이용자가 금전적인 대가를 받고 제품에 대한 영상이나 글을 게시했을 때는 꼭 그 사실을 밝혀야 해요.

기존의 광고는 소비자의 반응이 부정적일 경우 회사가 발 빠르게 광고를

멈출 수 있지만 바이럴 광고의 경우 소비자의 반응이 부정적이라 하더라도 회사가 멈추게 하기 어렵다는 단점이 있어요.

광고야, 왜 자꾸 나를 따라오니? 광고와 기술이 만나는 애드테크

갖고 싶은 제품의 광고를 내 SNS에서 발견한 적이 있나요? 누군가 내 옆에서 내가 검색하는 것을 지켜 본 것도 아닌데 어떻게 내 마음을 알았을까요? 비밀은 바로 '애드테크'에 있어요. 애드테크란 광고를 뜻하는 '애드(AD)'와 '기술(Technology)'의 합성어로 고객 맞춤 광고를 보여주는 IT 기술을 말해요. 과거의 광고는 광고를 보는 모든 사람을 대상으로 했지만 애드테크의 광고는 그 제품에 관심을 둘 만한 사람에게만 나타나요.

애드테크의 광고 프로그램은 먼저 소비자의 인터넷 검색 기록, 앱 사용 현황, 결제 정보, 접속하는 와이파이 망의 이름, 다운 받은 자료, SNS에 올린 이미지 등을 분석해요. 그런 다음 여러분이 어떤 사람이며 무엇을 좋아하고 어떤 내용에 관심이 있는지를 알아내고 그와 관련된 광고를 보여 주면서 구매하도록 이끌어요. 또, 구매를 망설이는 고객에게 할인 쿠폰이나 사은품을 제공하기도 해요. 애드테크를 이용하면 많은 사람을 대상으로 하는 텔레비전 광고보다 비용이 적게 들고 제품을 팔 가능성은 높아진다는 장점이 있어요. 스마트폰을 사용하는 시간이 늘어나면서 애드테크를 활용한 광고 시장이 더욱 커질 것으로 예상하고 있어요.

유튜브 '호기심 천사'를 아시나요?

저는 지금 '호기심 탐정' 촬영 현장에 나와 있습니다. '호기심 탐정'의 주인공은 다름 아닌 저희 이모예요. 이모가 친구들과 일 년 전에 시작한 유튜브 채널이 바로 '호기심 탐정'이랍니다. 사람들이 궁금해 하는 것들을 알아내고 호기심을 해결해 주는 내용으로 구성되어 있는데요. 주로 어린이를 대상으로 하지만 어른도 함께 즐길 수 있는 콘텐츠예요.

'콜라가 폭발하는 이유는?' '모기에 안 물리는 법' 같은 영상이 SNS로 공유되면서 사람들에게 조금씩 알려지고 있어요. 코믹한 분장을 하고 재미있는 대사를 하는 이모를 보면 정말 웃지 않을 수 없어요.

제가 이모의 채널을 처음 구독했을 때는 구독자가 10명도 되지 않았어요. 하지만 영상이 재미있다는 입소문이 나면서 구독자가 조금씩 늘어나

고 있어요.

댓글 창에도 '덕분에 많이 웃었어요.' '응원합니다.' '다음 영상 언제 나와요?' 같은 긍정적인 댓글이 많아서 이모가 힘이 난대요. 이모는 모든 댓글에 정성스럽게 답글을 남기며 구독자들을 챙기고 있어요. 아직은 구독자가 만 명밖에 되지 않지만 나중에는 백만 구독자를 가진 유튜버가 될 거예요.

오늘은 집 앞 공원에서 '매운 걸 먹으면 왜 땀이 날까?'라는 주제로 촬영을 하고 있어요. 이모는 매운 걸 좋아하는 초등학생 역할을 맡았어요. 맛있다고 땀을 흘리면서 마구 먹다가 화장실로 달려가는 장면을 찍는대요. 이모가 연기하는 장면을 상상만 해도 정말 웃음이 나요.

촬영은 주로 집이나, 공원, 학교 강의실 같은 곳에서 해요. 구독자가 늘어나고 수익이 생기면 나중에는 이모 전용 스튜디오도 생기겠죠?

저기 촬영 준비를 하고 있는 이모가 보이네요. 인사를 하러 가 볼까요?

"이모! 나 왔어. 나 지금 브이로그 찍고 있어. 인사 한번 해 줘."

"미소 왔구나. 안녕하세요. 저는 미소 이모, 호기심 탐정입니다. 유튜브 '호기심 탐정' 많이 사랑해 주시고 미소 브이로그도 '구독'과 '좋아요' 눌러 주세요."

"역시 유튜버는 '구독'과 '좋아요'를 잊지 않는구나. 나 방해 안 되게 저기서 촬영하고 있을게. 얼른 준비해. 이모."

그런데 이상한걸요? 카메라가 보이지 않아요! 촬영장에 카메라가 없다니요.

"그런데 카메라는 없어? 방송국 촬영할 때 보면 막 커다란 카메라도 있던데?"

"여기 있잖아."

"스마트폰? 스마트폰으로 모든 촬영을 다 하는 거야?"

"그래. '손톱을 계속 기르면 어떻게 될까?' 그 영상 알지? 조회 수 제일 높은 거. 그것도 스마트폰으로 찍은 거야. 요즘 스마트폰 카메라가 화질도 좋고 기능도 다양해서 촬영할 만해."

"그렇구나. 나는 카메라 여러 대로 찍는 건 줄 알았어."

"물론 카메라가 있으면 더 좋지만 아직은 스마트폰으로 충분해. 스마트폰 두 대만 있으면 여러 각도에서 촬영할 수 있거든. 이제 다음 장면 찍으러 가야겠다. 이따 얘기하자."

스마트폰으로 촬영과 편집을?

 오늘 이모 기분이 좋아 보여요. 사실 요즘 구독자 수가 하루가 다르게 늘고 있어서 이모는 매일이 싱글벙글이에요. 일 년 전만 해도 상상할 수 없던 일이죠. 저희 이모는 개그맨 지망생이었어요. 오랫동안 개그맨을 꿈꾸다 마침내 개그맨 시험에 합격도 했어요. 하지만 출연 예정이던 개그 프로그램이 갑자기 없어지면서 일자리를 잃었어요.

 엄마는 이모에게 TV에 나오는 개그맨이 되는 건 힘들겠다며 다른 직업을 찾아보라고 하셨어요. 하지만 이모는 꿈을 포기할 수 없다며 방법을 찾아보겠다고 했죠. 알고 보니 그게 유튜브였어요. 이모는 친구들과 함께 유튜브를 준비하고 있었던 거예요. 처음에는 반대하던 엄마도 '호기심 탐정'를 보고 나서는 완전히 바뀌었어요. 만나는 사람마다 영상을 보여 주며 이모 채널을 홍보하기 시작했거든요. 엄마가 봐도 너무 재밌다나요?

이제 촬영이 끝났나 봐요.

"이모, 다 찍었어? 아까 보니까 오늘 거 너무 재미있을 것 같아. 언제 볼 수 있어?"

"아마 이틀 후에는 볼 수 있을 거야. 편집하는데 시간이 좀 걸리거든."

"편집도 스마트폰으로 해?"

"간단한 건 스마트폰으로 하고 컴퓨터로도 해."

"어떻게 보면 스마트폰과 유튜브 덕분에 이모가 원하던 일을 하고 있는 셈이네?"

"그렇지. 영상을 찍고 올리는 게 간단하고 비용이 들지 않아서 용기 있게 도전할 수 있었지. 유튜브는 나에게 아주 좋은 기회였어."

"난 이모 콘텐츠가 더 많은 사람에게 사랑받을 거라는 확신이 들어. 꼭 필요한 정보도 알려 주고 무엇보다 재미가 있잖아."

"미소 말을 들으니까 힘이 난다. 얼른 편집해서 새로운 영상을 보여 주고 싶어지네."

유튜브 인기 크리에이터, 호기심 탐정

반짝 반짝 눈부신 조명과 큰 카메라가 보이시나요? 여기는 유튜브를 촬영하는 스튜디오랍니다. 종합 촬영장이라는 곳인데 분장실이랑 연습실도 같이 있어요. 저는 오늘 여기에 이모의 초대를 받아서 왔어요. 잠시 후 '호기심 탐정'의 촬영이 진행될 거예요. 공원을 무대 삼아 영상을 찍던 이모에게 무슨 일이 있었던 걸까요?

그동안 유명 유튜버가 이모의 영상을 추천하고 방송에도 소개되면서 '호기심 탐정'의 구독자 수가 크게 늘어났어요. 그러면서 이모는 유튜브 크리에이터들이 속해 있는 기획사에 들어가게 되었어요. 왜 아이돌 연습생이 기획사에 소속되어 연예인으로 데뷔하고 그러잖아요? 그런 것처럼 이모도 소속사가 생긴 거예요. 크리에이터로서 이모의 가능성을 인정받은 거죠. 그래서 이렇게 스튜디오와 촬영장, 매니저까지 생긴 거고요.

"이모, 화장하니까 진짜 연예인 같아!"

"미소 왔구나. 촬영 전까지 시간이 좀 남았는데 촬영장 구경시켜 줄까?"

"좋아. 그런데 저기 테이블 위에 있는 과자랑 사탕은 먹어도 되는 거야?"

"먹으면 안 돼. 저건 오늘 간접 광고를 해야 하는 제품들이거든. PPL이라는 말 들어봤지? 영상에 특정 브랜드나 제품을 보여 주는 거 말이야. 기업들은 구독자가 많은 채널에 간접 광고를 요청해. 그럼 유튜버는 자신의 영상에 그 제품을 보여 주고 광고비를 받아."

"엄마가 이모 돈 많이 벌었다던데 그 말이 이거구나?"

"하하, PPL도 유튜버의 소득 중 하나지. 그것 말고도 수익을 내는 방

법이 있어. 유튜브는 시청자가 영상에 붙은 광고를 보면 유튜버에게 광고비를 나눠 줘. 유튜브를 볼 때 중간 광고 나오잖아? 그렇게 광고를 볼 때마다 그 채널에 수익이 늘어나. 그래서 영상의 조회 수가 높으면 그만큼 돈을 많이 벌지."

"그렇구나. 그런데 이모, 이제 저렇게 큰 카메라 앞에서 연기하는 거야? 지난번에 우리 만났을 때는 스마트폰으로 촬영했잖아."

"맞아. 유튜브 촬영은 큰 카메라로 하지만 호기심 탐정 SNS나 팬클럽에 올라가는 영상은 여전히 스마트폰으로 찍어. 내가 스마트폰으로 직접 촬영한 영상이 조회 수가 더 많이 나오는 경우도 있어. 현장감을 좋아하는 팬들은 그런 영상을 더 좋아하더라고. 그래서 늘 스마트폰으로 현장을 촬영하고 편집도 직접 하고 있어. 카메라가 아무리 많아져도 난 아마 계속 스마트폰으로 촬영할 것 같은데?"

"거봐. 내가 이모 성공할 거라고 했지?"

"그래. 미소는 일찍부터 나를 알아봐 줬지. 그런데 더 좋은 소식이 있는데 알려 줄까? 나 TV 프로그램에 출연하게 되었어. 주말 저녁에 방송되는 예능 프로그램에 고정으로 출연하기로 했어."

"우와, 진짜 잘 됐다. 엄마가 알면 기뻐서 펄쩍 뛰겠는데? 엄마한테 이야기해도 돼?"

"당연하지. 촬영 대본도 보여 줄까? 읽어 보면 재미있을 거야. 가서 가져올 테니 구경하고 있어."

우리 이모 정말 멋지지 않나요? 스마트폰으로 촬영을 시작해 이제는 크리에이터로 성공도 하고 TV 출연도 하게 되었잖아요. 유튜브는 전 세계의 영상이 모이는 곳이니까 이모도 언젠가는 해외 진출도 하겠죠? 유튜버 크리에이터인 이모가 정말 자랑스러워요!

스마트폰에서 가장 많이 사용하는 앱
유튜브

좋아하는 유튜브 채널이 있나요? 유튜브 영상을 친구에게 공유한 적은요? 유튜브는 무료로 동영상을 올리고 보는 것은 물론 다른 사람의 동영상을 공유할 수 있는 세계 최대의 동영상 공유 사이트예요. 모든 세대에서 가장 오랜 시간 동안 사용하는 앱인 유튜브에는 하루에도 엄청난 양의 동영상이 업로드되고 있어요.

유튜브가 성장한 배경에는 스마트폰과 정보 통신 기술이 있어요. 예전에는 동영상을 찍으려면 카메라가 꼭 필요했어요. 하지만 이제는 누구나 스마트폰만 있으면 쉽게 동영상을 찍고 유튜브에 올릴 수 있어요. 방송국을 통하지 않고도 다른 사람에게 내가 찍은 동영상을 보여 줄 수 있게 된 것이죠.

정보 통신 기술의 발달로 스마트폰으로 데이터를 주고받는 속도가 빨라지면서 스트리밍 서비스를 할 수 있게 되었어요. 스트리밍 서비스는 음악이나 동영상 파일을 내려 받지 않고도 바로 재생할 수 있는 서비스에요. 스마트폰으로 원하는 동영상을 찾고 바로 시청할 수 있게 되면서 유튜브 이용 시간이 폭발적으로 늘어났어요. 한 조사에 따르면 한국인은 한 달 평균 24시간 동안 유튜브를 시청하는데 이는 카카오톡 이용 시간의 두 배에 달한다고 해요.

유튜브로 돈을 버는 두 가지 방법

좋아하는 동영상을 만들고 돈도 벌 수 있다면 얼마나 좋을까요? 유튜브로 수익을 내는 방법은 크게 두 가지가 있어요.

첫 번째는 유튜브 광고로 돈을 버는 방법이에요. 기업은 동영상 중간에 광고를 넣어 기업과 제품을 홍보하고 싶어 해요. 유튜브는 기업에서 받은 광고 수익을 콘텐츠 창작자와 나누어 가져요. 그래서 사람들이 광고를 많이 볼수록 유튜버는 더 많은 수익을 얻을 수 있어요. 구독자 수가 1,000명이 넘고 일정한 시청 시간이 되면 광고 수익을 신청할 수 있어요. 구글은 콘텐츠가 건전한지, 저작권 침해는 없는지 등을 다양하게 고려하여 채널을 평가한 후 광고비를 지급해요.

두 번째는 동영상에서 특정 제품을 홍보하고 광고비를 받는 방법이에요. 제품을 사용하는 모습을 보여 주거나 제품의 후기를 알려 주는 등의 홍보 활동을 통해 수익을 얻어요. 먹방 유튜버가 먹는 떡볶이나 뷰티 유튜버가 바르는 화장품은 광고일 가능성이 커요. 동영상에서 제품을 노출하는 것을 간접 광고(PPL)라고 하는데, 간접 광고를 할 때는 기업으로부터 협찬을 받았다는 사실을 꼭 알려야 해요.

유튜브로 사람들에게 알려지고 난 후에는 책을 쓰거나 강연 활동을 하면서 돈을 벌 수 있고, TV 출연이나 광고 모델이 되어 수익을 얻을 수도 있답니다.

유튜브도 배달 앱도 모두 **플랫폼 경제**

플랫폼이란 승객이 열차를 기다리는 승강장을 말해요. 경제학에서 플랫폼은 기차역의 승강장처럼 기업과 소비자가 만나서 제품과 서비스를 거래하는 공간을 말해요. 플랫폼 경제는 그런 공간을 이어주고 촉진하는 경제 활동을 의미해요.

배달 음식을 주문할 때 이용하는 앱을 본 적이 있나요? 그 앱이 바로 플랫폼이에요. 음식점에 직접 전화를 걸 필요 없이 편리하게 주문할 수 있도록 여러 가지 기능을 가지고 있어요. 택시를 부르거나 호텔을 예약하는 앱, 중고거래를 위한 앱도 모두 플랫폼이에요.

플랫폼 기업은 공급자와 소비자를 연결하는 '중개' 역할을 한다는 공통점이 있어요. 제품과 서비스를 가진 사람과 필요로 하는 사람이 플랫폼에서 만날 수 있도록 해 주지요. 예전에는 다른 지역으로 이사를 가려면 직접 그 곳에 있는 부동산에 가서 집을 알아보아야 했어요. 부동산 중개소가 바로 플랫폼이었지요. 하지만 요즘에는 모바일 앱을 이용해 나에게 맞는 집을 간편하게 찾을 수 있어요. 오프라인에 있는 부동산 중개소가 모바일로 옮겨 간 것이죠.

플랫폼 경제는 공급자와 수요자 모두 만족할 수 있도록 다양한 디지털 기술이 적용되고 있어요. 미디어 플랫폼인 유튜브에도 인공지능을 이용한 첨단 기술이 사용되고 있답니다.

유튜브를 제대로 즐기는 법

창작자로서

유튜브에 동영상을 올리기 전에 조심해야 할 것들이 있어요. 내 연락처나 사는 곳, 가족 관계 같은 개인 정보가 드러나지 않도록 해야 해요. 나의 개인 정보가 나쁜 곳에 이용될 가능성이 있기 때문이에요. 이는 유튜브뿐만 아니라 다른 온라인 공간을 이용할 때도 반드시 지켜야 해요. 개인 정보는 스스로 지키는 것이라는 것을 명심하면서 동영상을 올리기 전에 두 번

세 번 확인하는 습관을 가지는 것이 중요해요.

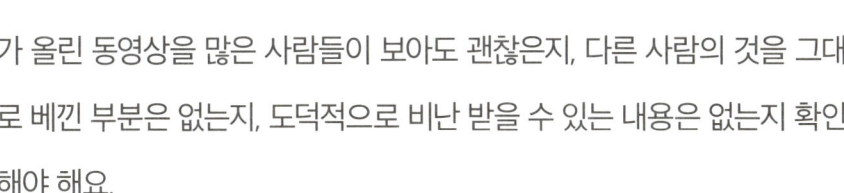

유튜브에 올린 동영상은 나를 모르는 많은 사람들이 볼 수 있어요. 또, 한 번 올린 동영상은 빠르게 전파되고 완벽하게 지우기가 힘들어요. 그러므로 영상을 올리기 전에 내가 올린 동영상을 많은 사람들이 보아도 괜찮은지, 다른 사람의 것을 그대로 베낀 부분은 없는지, 도덕적으로 비난 받을 수 있는 내용은 없는지 확인해야 해요.

시청자로서

유튜브에는 재미있고 유익한 영상도 많지만 허위 정보나 가짜 뉴스를 담은 영상도 있어요. 광고 수익이나 특정한 목적을 위해 자극적이고 선정적인 영상을 올리는 사람들도 있지요. 그러므로 유튜브를 볼 때는 믿을만한 정보인지 다른 관점에서는 어떤지 생각해 보는 태도를 가지는 것이 중요해요.

　만약 유튜브가 추천해 주는 영상에 빠져 할 일도 잊는다면 유튜브 앱의 '타이머 기능'을 이용해 보세요. 유튜브를 보기 전에 미리 알람을 맞춰 놓으면 정해진 시간 동안만 시청하도록 도와준답니다. 스스로 자제하기 힘들 때는 알람의 도움을 받는 것도 좋은 방법이에요.

유튜버도 세금을 내나요?

경제 활동의 대가로 얻은 돈을 소득이라고 해요. 회사에서 일을 하고 받는 월급이나 가게를 운영해서 벌어들인 수입 모두 소득에 속해요. 소득은 얻는 방법에 따라 크게 근로 소득, 사업 소득, 재산 소득으로 나눌 수 있어요.

근로 소득은 회사나 기관에 소속되어 노동을 제공한 대가로 받는 소득이에요. 매달 받는 월급이 바로 근로 소득이에요. 사업 소득은 농사를 짓거나 가게나 회사, 공장을 운영해서 버는 소득을 말해요. 재산 소득은 내가 가진 돈이나 건물을 다른 사람에게 빌려주고 받는 이자나 월세예요.

소득의 종류에 상관없이 소득이 생겼다면 반드시 세금을 내야 해요. 모든 유튜버가 세금을 내는 것은 아니지만 자신이 만든 동영상으로 꾸준히 수익이 발생했다면 세금을 내야 해요.

세금을 내는 것은 국민의 의무 중 하나로 나라를 유지하는 데 꼭 필요해요. 우리가 이용하는 공원이나 도서관도 모두 국민 각자가 낸 세금으로 운영되고 있어요. 세금은 한 사람이 해결할 수 없는 교육, 국방, 복지 등 다양한 분야에서 쓰이고 있답니다.

스마트폰으로 만나는 경제

1판 1쇄 인쇄 2023년 4월 17일
1판 1쇄 발행 2023년 4월 21일

글 | 현민 그림 | 김학수
펴낸이 이종일 | **책임편집** 홍승호 | **북디자인** S and book(design S)
펴낸곳 버튼아이 | **등록번호** 제386-251002015000040호 | **등록일자** 2020년 4월 9일
전화번호 032-341-2144 | **팩스** 032-352-2144
주소 경기도 부천시 소삼로 38 휴안뷰 101동 602호

ISBN 979-11-87320-47-0(73320)

* 책값은 뒤표지에 있습니다.
* 이 책 내용의 일부 또는 전부를 재사용하려면 반드시 버튼아이의 동의를 얻어야 합니다.
* 잘못 만들어진 책은 구입하신 서점에서 교환해 드립니다.

KC
- 제조자명 : 버튼아이
- 주소 : 경기도 부천시 소삼로 38
- 전화번호 : 032-341-2144
- 제조연월 : 2023. 04. 17.
- 제조국명 : 대한민국
- 사용연령 : 8세 이상 어린이 제품